一生モノの思考力を鍛える
大人の読解力トレーニング

福嶋隆史

SB新書
680

はじめに

今この本を手にしているあなたは、これまでにも「読解力」とか「国語力」とか名のつく本を手にしてきた経験がきっとあるだろう。

しかし、よく読んでみるとどうも求めていたものと違う。どこか、ものたりない。この本を読んでも読解力が身につくとは思えない。そんな経験もまた、多いはずだ。

なにしろ、大人向けの国語本といえば、まず多いのが単なる「語彙」本。日常的な言い回しをちょっと品のある表現に言いかえるための語彙。また、相手を否定するような表現を肯定的に言いかえるための語彙。あるいは、やまとことばを豊かにするための語彙。こういった「語彙力」の本を、「国語力」と銘打っているケースが多い。

また、読解力と名のつく本も、「論客」とか「オピニオンリーダー」と言われるような著名人が長々と対談しているだけで、そのまま学ぶ（＝真似ぶ）ことのできるような技術・方法については触れられていないケースが多々ある。

そうかと思えば、単にさまざまな「名著」を紹介しているだけの読書案内本のタイトルが「国語力」「読解力」などとなっているケースもある。

要は、かゆいところに手が届かない本が、ちまたにはあふれている。

しかし、この本は違う。

この本には、理論と経験に裏打ちされた数々の「技法」が、具体的に明示されている。

「なるほど、そうすればいいのか！」

「よし、ちょっと試してみよう」

そんな納得感と意欲が、きっと得られるだろう。

この本は、あなたの「思考」を助ける一冊だ。

日々もやもやとして答えが出せない感じがしているあなたにおくる、一つの「答え」である。

そう言えば、「答えのない問い」とか「答えのない時代」といったフレーズを、よく見聞きするようになった。

たしかに、現代は価値観が多様化し、答えを見出しにくい時代である。

しかしだからといって、目の前にある最善の解決策、いわば武器を手にしないまま戦おうとするのは、無謀である。


こんなことがあるのではないか。

先輩や上司が、下の立場であるはずの自分に対して、何も教えてくれない。やり方を教えてください、と頼むと、こう言われた。お前なりのやり方を、お前なりに見つければいい。ハウツーに頼るのをやめなさい。

しかたなく「自分なりに」頑張って、「おお、これは新しい発見だ」と思ったことを上の人間に伝えたら、「そんなものは一〇年前から既にあるやり方だよ」と言われた。

だったら、最初からそれ、教えてくださいよ——。


結局、答えはあるのだ。

解決策は、事前に手に入れにくいというだけのことで、事後には手に入れることができている。

ことが終わったときに振り返り、どのように解決したのかを整理すれば、実はそれが最善の解決策だったと気づくだろう。

事後に手に入るものが事前に手に入るなら、そのほうがよいに決まっている。

この本は、あなたに解決策を提示する。

それは、あらゆる問題解決に不可欠な思考の技術である。

既にある思考法を一〇年かけて自ら見出すか。

それとも、目の前の武器を使って戦い、その先の一〇年でより強い敵と戦うか。

そういう選択である。

迷うことなく、この本を活用してほしい。

なお、この本で説明している題材、および問いとその答えは、「ふくしま国語塾」において著者が子どもたちに対し実際に指導した内容である。

つまり、現場で磨かれたメソッドであるということだ。

当然、生徒らがよくミスするポイントやその解決策についても熟知しており、それがこの本には反映されている。

子どもがミスしやすい箇所は、大人でもミスしやすい。心して取り組んでほしい。

まずはこの本で学び、技術を日常の中で活用し、またこの本に戻る。そうやって、ブラッシュアップしていっていただければ幸いである。

福嶋隆史

一生モノの思考力を鍛える
大人の読解力トレーニング

目次

第１章　読解における三つの力

第2章　類似したものごとの相違点をとらえる（1）

第3章　類似したものごとの相違点をとらえる（2）

第１章

読解における三つの力

読解力の二つの側面

ときどき、インフルエンサーがSNSなどでいわゆる「クソリプ」に苦言を呈しているのを目にすることがある。

「お前、もっと読解力つけろ」

「読解力のないクソリプが多すぎて萎える」

などと。

こういうときの読解力とは、実は技法そのものを指していないことが多い。

よくあるのは、当然知っているべき常識を知らずにリプしているケースである。つまり、**足りないのは読解力というより常識**である。

常識がないと、書き手（この場合インフルエンサー）がどういう話題・主題で話を展開しているのかをつかめず、見当違いの反論をしてしまう。

この常識は、「スキーマ」と呼ぶこともできる。

文章論が専門の石黒圭氏の本から、少し引用してみよう（『「読む」技術　速読・精読・味読の力をつける』石黒圭著・光文社）。

話題ストラテジーというのは、文章を貫く話題が何かを早い段階で見ぬき、その話題にかんする知識を利用して以降の理解を迅速かつ的確にするストラテジーです。（中略）ここでは、スキーマという考え方を導入することで、そのことを具体的に説明しましょう。（中略）スキーマは、構造化、一般化された知識の枠組みを表します。私たちは、スキーマというものがなければ生活できません。たとえば、日本で病院に行くのはさほど不安はないでしょうが、海外で病院に行くときとても不安になります。それは、病院のなかで何が起こるかがわからないからです。

スキーマとは、ごく簡単に言えば「体験的知識」である。日本では病院で受診する体験を積んでいても、海外ではそうではないから、状況の理解や行動に問題が生じうる。体験的知識の総量が、思考を左右するわけだ。

次に、ベストセラーになった『英語独習法』（今井むつみ著・岩波書店）から、少し引用しておく。

外界で起こっている出来事や言語情報は、すべてスキーマのフィルターを通して知覚される。私たちは、スキーマによって、現在自分が置かれている状況で何が大事かを判断し、情報を取捨選択するのである。


これも同様に、スキーマの重要性を伝えている。

先に述べたインフルエンサーとの理解の齟齬《そご》も、スキーマのズレによって生じているというケースが多いわけだ。

じゃあ、要するに多くの体験を積めということか。この本を読めば、体験を積むことができるのか。

残念ながら、体験的知識の獲得には、時間をかけて実際に体験してもらうしかない。

ただ、言語の形式に関するスキーマは、この本によって積み増すことができる。

ここで再び、石黒圭氏の本（前出）から引用しておこう（一部改変）。


文章理解のスキーマを考えた場合、キャレルが唱えた内容スキーマと形式スキーマの区別が重要です。内容スキーマは、病院スキーマのように話題によって活性化されるスキーマです。（中略）一方、形式スキーマは「たしかに～かもしれない」と来ると「しかし」が来そうだというような、言語形式に関わるスキーマです。

文章を読むプロセスにおいて、私たちは、無意識のうちにさまざまな予測を行っている。「今日は寒いが、明日は」と言えば、「暑い」「暖かい」「寒くはない」などが続くということが予測できる。

これは、「アはAだが、イはB」という形式が呼び起こすイメージだ（と同時に、「寒い・暑い」などについては、体験的知識がもちろん働いている）。

そんなわけで、この本は、内容スキーマの獲得を目指す本というよりは、形式スキーマの獲得を目指す本であると言える。

だから、この本で示す思考技術のみによって読解力が高まるわけではない。とはいえ、こうしたハウツー本によって一般化できるのは、思考技術だけである。体験的知識は、体験によって獲得するしかないので、一般化できない。

一般化して読者と共有できる形式をできる限り追求したのが、この本である。

このことを、まず認識しておいていただければと思う。

世界に傍線は引かれていない

さて、小中高生の頃に受けた国語のテストを思い出してみよう。

多くは、長文に――（傍線）が引いてあり、「問三　――部に○○とあるが、それはなぜか」とか、「問五　――部の意味を説明したものとしてふさわしいものを次のア〜オから選べ」などと問われていたはずだ。

つまり、たいていの場合、最初からそこに傍線が引かれていた。

あなたは、そのことに疑問を持ったことがあるだろうか。

傍線部は、なぜ、ここなのだろう。

なぜ、こっちのセリフじゃないのか。

こっちの比喩めいた表現の意味を答えるほうが面白いと思うんだが。

……などと考えたことが、あるだろうか。

まあ、普通はないはずだ。なにしろ、与えられた傍線部について考え、与えられた時間内で点数を取ることに精一杯で、そんなことを考えている余裕はなかっただろうから。

ならば、ちょっとやってみよう。次の文章に――を引き、問いを作ってみてほしい。

人間と他の多くの動物とをくらべたとき、大きな違いの一つとして挙げられるのは、時間と空間を超越する想像力の有無についてであろう。

多くの動物は、「獲物はいつ頃現れるか」「捕まえたい獲物がどこにいるのか」などということを考えて行動することはない。いわば、「今・ここ」のことに反応するだけだ。ところが人間は、「今・ここ」を離れ、過去と未来あるいは目に見えない場所を想像することができる。

ただ、こういった力があるがゆえに、私たちは苦悩を味わうことにもなる。終わったはずの失敗を忘れられず悩み、まだ得られていない成果を皮算用して失敗し、あるいは、遠方に住む友だちのことを心配し、未来のわが子の人生について考えすぎて誤った判断をしてしまう。すべては、「今・ここ」を離れてイメージを自由にふくらませる力の存在ゆえである。

私たちは、日々の苦悩から解き放たれるために、ときには意識的に「今・ここ」の中に閉じこもる必要があるのかもしれない。

『国語読解［完全攻略］22の鉄則』（福嶋隆史著・大和出版）より（一部改変）

さて、どうだろう。

え？　いきなり「問いを作れ」と言われても、どうしようもないんですけど⁉

そういう方がほとんどではないだろうか。

しかし、これが、世界というものなのだ。

文章というものは、世界を描写・解説した一つの媒体にすぎない。

私たちは、その媒体をとおして、世界を知る。

世界には、もともと傍線など引かれていない。

その世界を見ている、感じている人間が自ら、「これは、どういうことなのだろう？」「これは、あれとはどう違うのだろう？」「これは、なぜなのだろう？」と疑問を持ち、問いを投げかけ、その答えを自ら見出す必要があるのだ。

さて、先ほどの文章の場合、どうなるだろうか。

たとえば、次のようになるだろう。最後の一文について。

――問い「『今・ここ』の中に閉じこもる必要がある」とあるが、なぜそう言えるのか。

真の読解力とはどのようなものか？

今は問いを作る話をしているので、答えはあと回しでもよいのだが、一応答えも示しておく。答えは、「私たちは、時間と空間を超越する想像力によって苦悩を味わうことになるから」などとなるだろう。

ともあれ、こうした**問いを自ら作り、その上で答えを出すこと。それができてこそ、真の読解力があると言えるはずだ。**

他者に与えられた「問い」に答えているだけでは、真の読解力とは呼べない。

今「読解」と書いたが、読み解くべき対象は、文章だけではない。先にも述べたように、文章というものは世界を描写・解説した一つの媒体にすぎない。

表、グラフ、図、イラスト、漫画、写真・画像、あるいは音声、映像。

これら全てが、読解の対象である。

そして、そうした媒体すら経ていない、私たちが五感でとらえた「世界」そのものが、実は一番の対象なのだ。

一番とは、頻度のことである。私たちが不断の時間の中で最も頻繁に、連続的に「読み解いている」対象。それは、なんの媒体も経ずに知覚される「世界」である。

この本は、そうしたあらゆる読解対象を読み解く力を身につけるための本だ。

先にも述べたように、そうした幅広い対象、すなわち世界には、そもそも傍線は引かれていない。

したがって、真っ先にすべきことは傍線を引くかのごとく問いを作ることであり、獲得すべきはそのための技能である。

私はここで、それを「発問力」と名づけたい。

発問という言葉は学校教師がよく用いる。授業において教師が生徒に対し問いを投げかけるような場面で使われる。

しかしこの本では、もちろんそういう用法を超えた意味で使う。

あらゆる対象について、問いを発する力。それを発問力と呼びたい。

この本には問題が一八問掲載されているが、そのうち六問については、先に試しに考えてもらったような、「自ら発問する」ための練習問題となっている。

残り一二問については既に発問が記されているが、その問い方を参考にすれば、「このように問えばいいんだな」と学ぶことができるだろう。

発問力と読解力は表裏一体

世界、などという言葉を使ったので、何か難しいことが始まると思ったかもしれない。しかしそんなことはない。

結論から言うと、世の発問という発問は、わずか三つに集約される。

発問力の三類型

一　どういうことか？　と問う力
二　どう違うか？　と問う力
三　なぜか？　と問う力

もちろん表現はいろいろありうるが、本質的にはこの三つにまとめられる。

発問力とは、「世界」をいつもこの三つの見方で眺め、どこにでも「傍線」を引いて、問いを生み出す力である。

そして、この「発問力」は、「読解力」と表裏一体になっている。
読解力は、次の三つに定義できる。

読解力の三類型
一　言いかえる力……同等関係整理力
二　くらべる力………対比関係整理力
三　たどる力…………因果関係整理力

同等関係という言葉は聞き慣れないかもしれない（私なりの表現なので無理もない）。しかしその内容は、一般的なことだ。
同等関係とは、「抽象・具体の関係」のことである（実はドラマ「ドラゴン桜」（TBS）で紹介されたりもしている）。抽象化して言いかえる。具体化して言いかえる。あるいは、同じ抽象度で表現だけ言いかえるケースも含む（未知、つまりまだ知らないこと、のように）。これらの技能を、「言いかえる力」、すなわち「同等関係整理力」と呼んでいる。

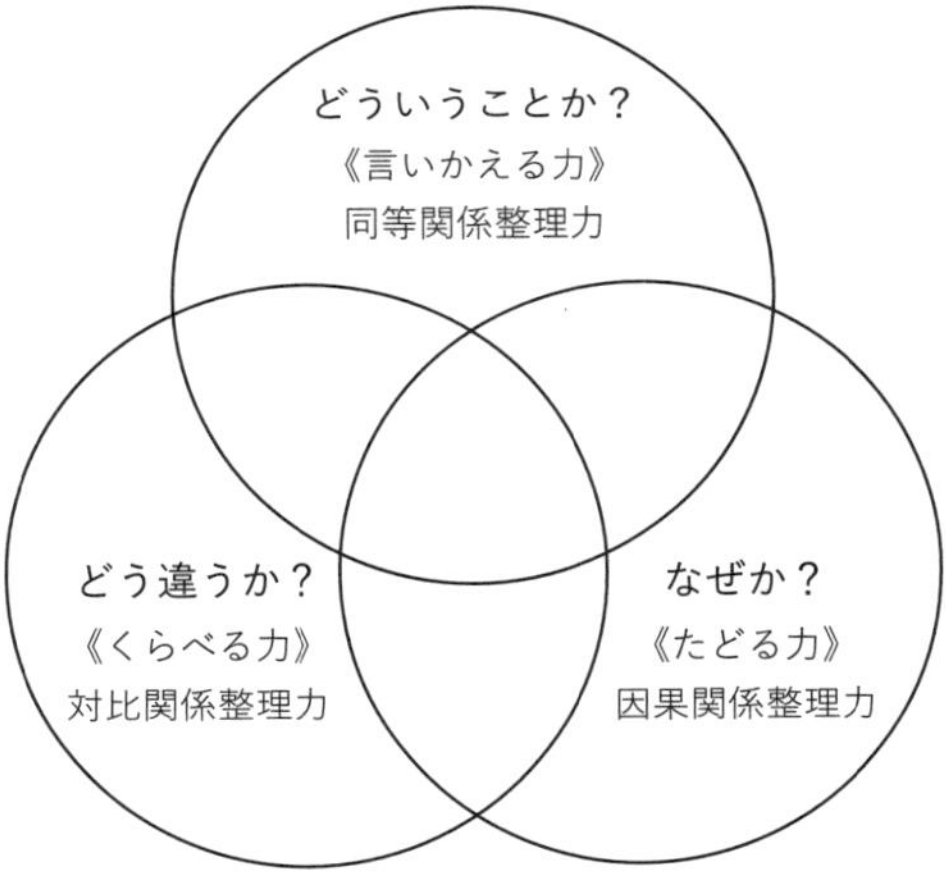

対比関係、因果関係については、特段説明するまでもない、一般的な用語である。

「たどる」という言葉は、AだからB、BだからC……というように、要素を順に「たどっていく」イメージで用いている。

いずれにせよ、詳しくは後述する。

読解力を構成する「三つの力」

さて、今述べた発問力と読解力の類型を、一つの図にしておこう。

円が重なり合ったところは、二つまたは三つの技能が同時に求められるということを意味する。

たとえば、「くらべる力」と「言いかえる

力」が交わった部分は、「くらべながら言いかえる力」を意味する。「くらべる力」と「たどる力」が交わった部分は「くらべながらたどる力」を意味する。そして、三つが交わった中央は、三つの力全てを発揮して考えることを意味するわけである。

これらの意味合いは具体例をとおして知るのが手っ取り早いので、これも少し置いておこう。

さて、ここでもう少し詳しく、それぞれの技能の基本を確認しておくことにする。

「どういうことか?」
言いかえる力——同等関係整理力

「バナナってどういうもの?」「黄色い果物でしょ」といった会話のイメージで図示してみよう。

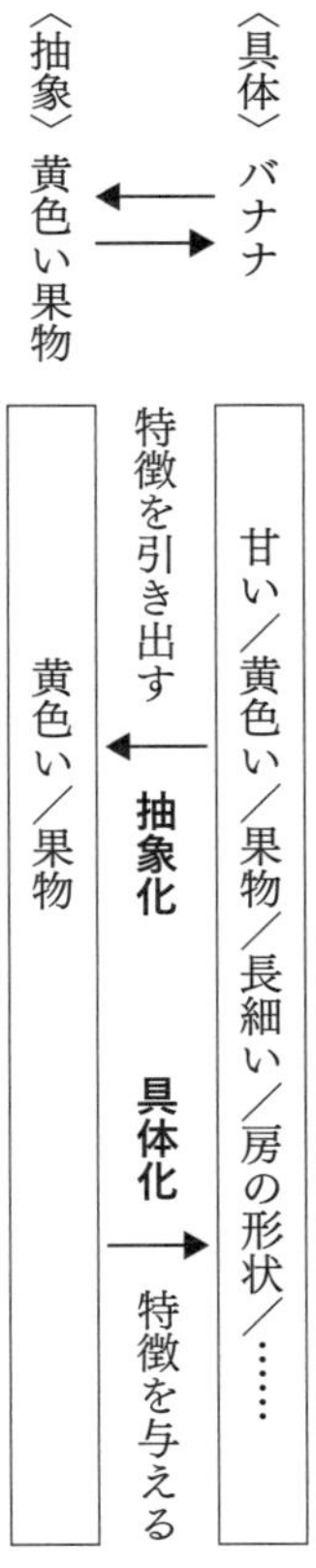

〈具体〉という表記は「具体的なもの」
〈抽象〉という表記は「抽象的なもの」
という意味である。

「バナナ」を「黄色い果物」に言いかえるのは、抽象化。「甘い」「黄色い」「果物」「長細い」「房の形状」などといういくつもある特徴から「黄色い」と「果物」を選んで引き出し、同時に他の特徴を捨てる。

この引き出す操作を「抽象」と呼ぶ。「抽」は「抽選」などをイメージすれば分かるとおり、「引く」という意味合いがある。なお、抽象する際の「捨てる」という側面に注目すると、それは「捨象」とも表現できる。「象」には「形」の意味があり、ここで言う「形」とは、固有の特徴を意味する。

まとめるとこうなる。

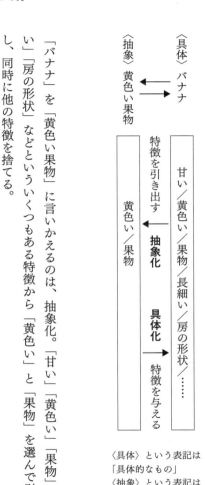

抽象化とは、固有の特徴を引き出すこと。固有の特徴を減らすこと。

具体化とは、固有の特徴を与えること。固有の特徴を増やすこと。

もう少し実際に即して表現すると、こうなる。

抽象化とは、絵に描きにくいような表現に言いかえること。

具体化とは、絵に描きやすいような表現に言いかえること。

バナナの例は単語にすぎないが、文、文章でも当然、抽象化・具体化はできる。

「言いかえる力」とは、単語レベル、文レベル、文章レベルで抽象化・具体化することにより、発信者の抱いているイメージを受信者に対しありのままに届ける（あるいは受信者がありのままに受け取る）ための力である。

「どう違うか？」
くらべる力——対比関係整理力

東京都と北海道は、どう違うか。これを説明した次の四つの文のうち、「分かりやすい」と言える文は一つだけ。④である。

①「東京都は狭いが、北海道は涼しい」
②「東京都は狭いが、北海道は広くて涼しい」
③「東京都の面積は約二二〇〇平方キロメートルだが、北海道は広い」
④「東京都は狭いが、北海道は広い」

①は、**「対比の観点」が統一**されていない。「面積」の観点と「気温」の観点とが混在している。だから、分かりにくい。

「対比の観点」とは、くらべる際の「見方」のことである。「どのような点でくらべているか」ということだ。**「対比の観点」は、この本において最も重要な用語と言ってもよい。**今この場で、しっかり頭に入れておきたい。

さて、②は、対比の観点のバランス（**パーツの数のバランス**）が悪い。後半だけ観点が二つある。だから、分かりにくい。

③は、対比の観点が面積に統一されてはいるが、前半は具体的、後半は抽象的であり、これも対比の観点のバランス（**抽象度のバランス**）が悪い。だから、分かりにくい。

④は、観点が統一され、パーツの数も抽象度も、バランスがよい。
①〜③のような形を避け、④のように整理する力を、「くらべる力」と呼ぶ。
なお、たとえば②において、「涼しい」の対比として（東京都は）「蒸し暑い」というメッセージが隠されているのではないかと想定するのも、「くらべる力」のうちである。

「なぜか？」たどる力――因果関係整理力

「たどる」というのは、次の図のように、各地点を一つずつ進んでいくイメージである。

ア　朝、寝坊した。
　　だから←→なぜなら
イ　家を出るのが遅れた。
　　だから←→なぜなら
ウ　学校に遅刻した。

「なぜ遅刻したんだ？」学校に遅刻した生徒に、教師が問いかけた。

生徒が答えた。「朝、寝坊したからです」

普段の会話なら、これでも伝わるかもしれない。しかし、文章をより正確に読み解こうとする場面や、相手を説得するための文章を書くような場面では、不十分である。

私たちは、ついつい、結論「ウ」から遠いところにある「ア」を答えてしまう。「イ」は「常識的に分かってくれるでしょ」と言わんばかりに、省略する。

しかし、よく考えてみてほしい。たとえ寝坊しても、遅刻せずに間に合うことが多いのではないか？　実際のところ、寝坊して遅刻に至る確率は、せいぜい一〇パーセント程度ではないのか。ならば、妥当な「遅刻の理由」は、ア「寝坊したから」だけではなく、「朝、寝坊したことで、家を出るのが遅れたから」（ア＋イ）ということになる。

このように、相手の常識に頼ってしまい抜けがちになる「イ」を入れて、より丁寧に要素をたどっていくのが、「たどる力」の基本である。

いわば、急行列車を各駅停車にする力、それが「たどる力」である。

一方で、丁寧すぎる説明の途中を端折り、あえて急行列車にすることもまた、コミュニケーションにおいては必要になる。これも、「たどる力」と呼ぶことにする。

なお、「確率は一〇パーセント」という例を挙げたが、これが八〇パーセントくらいになれば、「因果関係が成立している」と表現してよいだろう。それは分かりやすく言えば、「なるほどと思える」ということだ。

一〇人中八人が「なるほど」と思えるかどうか。すなわち、客観性が高いかどうか。これが、正しい因果関係の一つの基準になるわけだ。

さて、発問力・読解力の根幹となる三つの技能について、簡単に確認してきた。ここからは、これらをいかにして活用すれば発問力・読解力が高まるのかについて、少しずつチェックしていくことにしよう。

第2章

類似したものごとの相違点をとらえる（1）

「分かる」とはどういうことか？

ここからいよいよ、具体的な題材を扱っていくことにする。まずは、次の文章から。

問題（1）

先週言い争いになった同僚に、メールで謝ることにした。
でも、それを友人に話したら、メールより電話で謝るほうがいいと思う、と言われた。
どうして、とたずねたら、「メールは文字だけど、電話は声で伝えられるでしょ」と言われた。今ひとつ釈然としない説明だな。

（発問） 友人は、メールと電話の違いについて、どう説明すれば分かりやすかったのか。

〈類型〉どう違うか――くらべる力（対比関係）

そもそも「分かる」とは、どういうことなのだろうか。

あなたは今、Ａさんとの待ち合わせ場所にいる。だいぶ遠くから、それらしき人が向かってくるが、まだＡさんかどうか「分からない」。

そのうち、いつもＡさんがかぶっている二色の帽子が目に入った。その瞬間、ああ、あれはＡさんだ、と「分かった」。

それは、区別がついた瞬間だ。言いかえれば、分けることができた瞬間である。Ａさんとそれ以外とを分けることができた瞬間。

すなわち、「分かる」とは「分ける」ことなのである。

そして、「分ける」とは、対比関係を整理することである。

今の例は、次のような文で整理できる。

「Ａさんは二色の帽子をかぶっているが、Ａさん以外はかぶっていない」

本当にＡさん以外はかぶっていないのかということはさておき、このように整理できることが、「分かる」ということである。
さらに単純化すれば、こうなる。

対比関係　基本の型

ア は **A** **だが、** **イ** は **B** 。

このAとBが重要である。

「AとBには、反対語・否定表現が入る」と、覚えてほしい。

夏は暑いが、冬は寒い。……**反対語**のパターン

夏は暑いが、秋は暑くない。……**否定表現**のパターン

対比関係で整理する文というのは、原則としてこのどちらかのパターンになる。

逆に、どちらにもあてはまらない場合、それは対比的であるとは言えず、それはその時点で「分けられていない」「分かりにくい」ということを意味する。

AとBは、**「対比の観点」**である。

対比の観点が反対語・否定表現になっているとき、「観点が統一されている」と表現する

ことができる。

すなわち、対比においては対比の観点の統一が不可欠であり、「分かりやすく」するというのは、この観点統一を意味するのである。

さて、問題（1）を見よう。

「メールは文字だけど、電話は声で伝えられる」

なぜこれが分かりにくいのか。もう、お気づきだろう。

「アは　　Ａだが、　　イは　　Ｂ」

「メールは　文字だが、　電話は　声」

このように型で考えると、Ａ・Ｂが「文字・声」となっているのが分かる。

文字と声は、反対語だろうか？　違う。否定表現だろうか？　違う。

ならば、観点が不統一で、対比が成立しない。つまり、分かりにくい。というわけだ。

では、どうすれば分かりやすくなるのか。

答えは、「言いかえる」こと。

より正確には、「抽象化」である。とりわけ、「対比しながら抽象化する」、平易な表現にすれば、「くらべながら言いかえる」ことである。

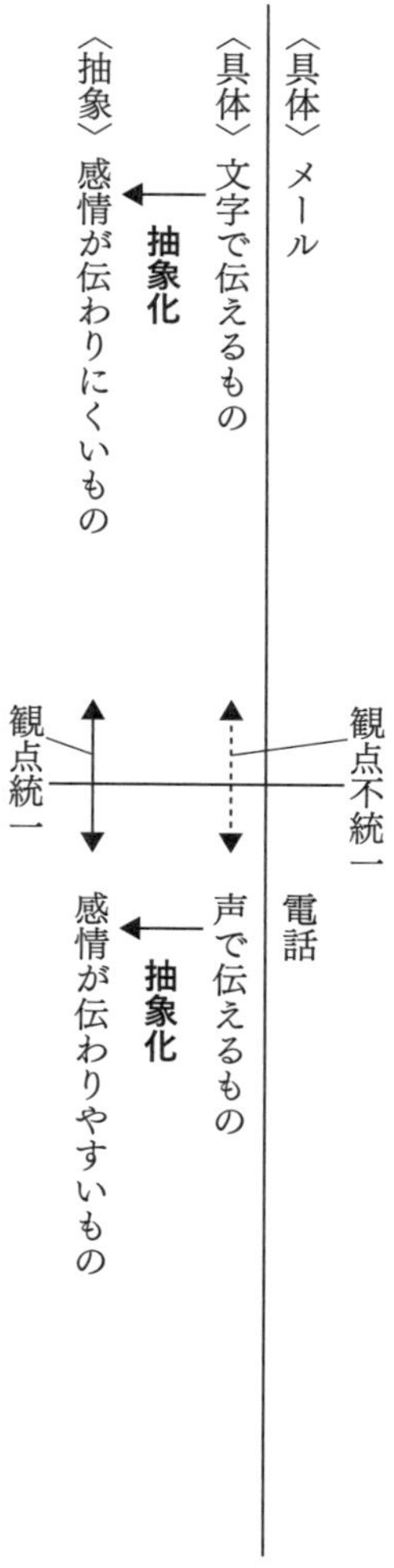

「文字⇔声」を、「感情が伝わりにくいもの⇔伝わりやすいもの」などと抽象化する。

そこで、先の発問の答えは次のようになる。

（**解答例**）メールは感情が伝わりにくいが、電話は感情が伝わりやすい。

感情が伝わりやすいもの（手段）としては、声のほかにも表情、ジェスチャーなどがある。つまり、「声」は具体的、「感情が伝わりやすいもの」は抽象的だと言える。

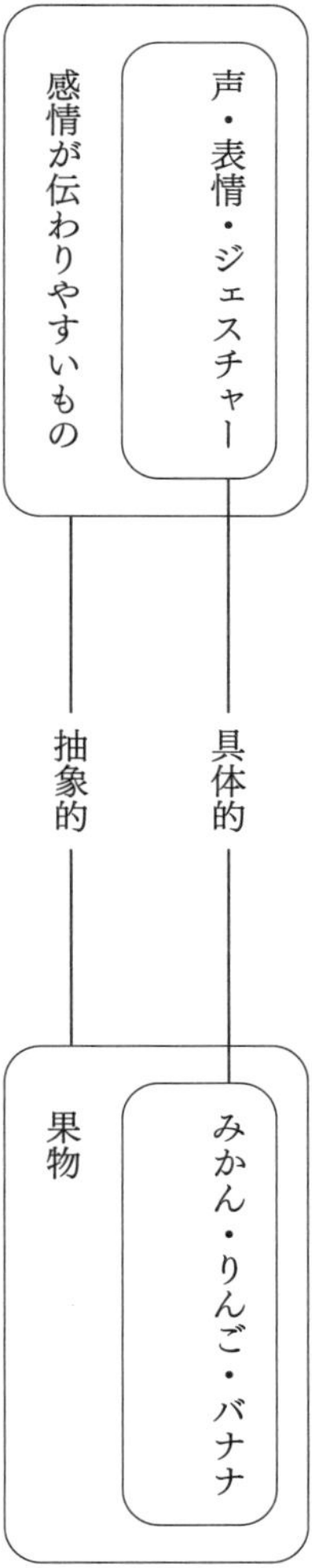

まだ不慣れだと思うので基本構図を示しておくと、右のようになる。

「みかん、りんご、バナナ。つまり、果物」と同じ図式だ、ということだ。

抽象・具体について考えるときは、いつもこの包含の図――私はこれを**マトリョーシカ方式**と呼んでいる――をイメージしてほしい。

さて話を戻す。「文字⟷声」を抽象化すれば対比が明確になる、という話だった。

今は「声」の抽象化についてのみ詳しくチェックしたが、「文字」のほうも同様になる。

ともあれ、パッと見では対比に思えない言葉でも、**「くらべながら言いかえる」ことによって対比の観点が統一され、「分かりやすく」なる。**

このことを、今、肝に銘じておいてほしい。この「くらべながら言いかえる」プロセスこそが、「読解」の大半を占めていると言ってもよい。

ところで、なぜ電話のほうがよいのかの理由としては、ほかにも「リアルタイムでコミュニケーションできる」といった着眼点もある。これは「時間の観点」である。次は、こうした「観点」のバリエーションを確認していくことにする。

ポイント

分かるとは、分けることである。
分かりにくいときは、いつも「くらべながら言いかえる」こと。

思考に不可欠な「七つの観点」とは

問題（２）

最近のテレビＣＭは、もったいぶった作りのものが多い。多くを語らず、視聴者が「もっと見たい」と思うところであえてカットし、「続きはウェブで！」「〇〇で検索！」と誘導する。わずか一五秒間に多くの情報を無理やり詰め込んで視聴者に与えるよりも、まず興味を持たせ、視聴者が自分からウェブサイトを訪問するように仕向け、そこで初めて多くの情報を提示しようとする。これができると、たしかに、宣伝効果が大きくなるだろう。というのも、私たちは、流れてきたＣＭを受け身で見聞きしたときよりも、ウェブサイトを自分で訪問して得た情報のほうを、より明確に心に刻むからである。一人をウェブサイトに呼び込むことができれば、おそらくそれは、ＣＭを単に一〇〇人に見せる場合よりもずっと、宣伝効果が出ると言えるに違いない。

『国語読解［完全攻略］22の鉄則』（福嶋隆史著・大和出版）より（一部改変）

〈発問〉ウェブ誘導型のCMは、なぜ宣伝効果が出るのか。

理由を説明した次の文の（　）を埋めよ。

――ウェブ誘導型のCMは、情報を（　Ａ　）的に得るよう仕向けるものであり、それは、情報を（　Ｂ　）的に得る場合にくらべて、より明確に心に刻まれるから。

〈類型〉どう違うか／なぜか――くらべながらたどる力（対比関係＋因果関係）

文章自体は、さして難しくない。次の二文に、答えはほとんど述べられている。
「多くの情報を無理やり詰め込んで視聴者に与えるよりも、まず興味を持たせ、視聴者が自分からウェブサイトを訪問するように仕向け、そこで初めて多くの情報を提示しようとする」（説明の都合上、文①とする）
「というのも、私たちは、流れてきたCMを受け身で見聞きしたときよりも、ウェブサイトを自分で訪問して得た情報のほうを、より明確に心に刻むからである」（文②とする）
この二文の共通点は何か？
それは、「よりも」の前後で対比しているということだ。

読解において真っ先に見つけるべきは、対比関係を表す接続語である。「AしかしB」「AだがB」「AよりもB」「AではなくB」「AむしろB」など、その種類は多様である（この本では、「接続語」という表現を、学校文法で習う「接続詞」よりも幅広い意味で用いている）。

さて、表にして整理してみよう。

この文章では、ウェブ誘導型のCMを、一般的なCMとくらべながら説明している。

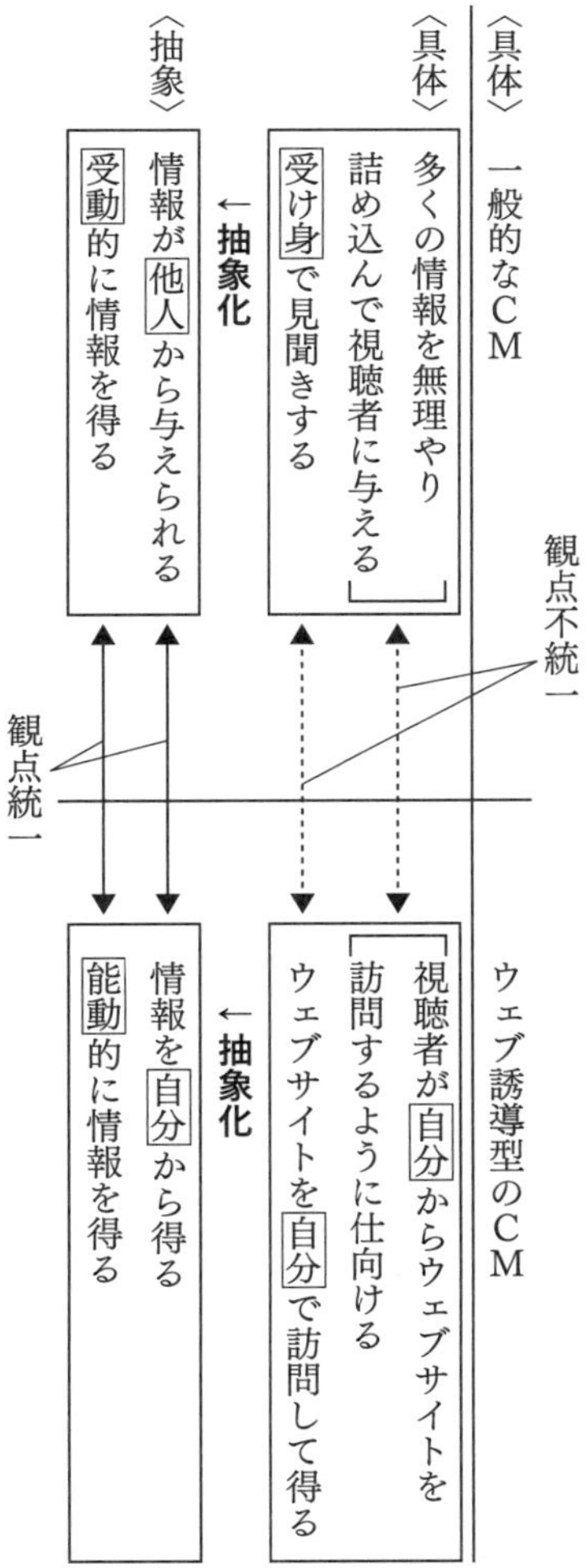

ということで、解答例はこうなる。

〈解答例〉 A……受動　B……能動

表の中で〈具体〉としている表現は、絵が浮かぶような具体性があるとは言えないが、対比の観点が統一されていない以上、それは説明がまだ細かい（≒具体的である）ということになる。そこで、先ほどと同様、抽象化しながら観点を統一していく。

まず意識したいのは、「**自他の観点**」である。

自他とは、自分・他人、自己・他者のことだ。この自他の観点での対比に慣れておくことが非常に重要だ。人間は日常的にこの観点でものを考えている。

自他の観点をいつも念頭においておけば、文①の「視聴者が自分から……」という部分を読んだ時点で、「よりも」を挟んだ前半に戻って「他人」という言葉を半ば自動的に補充し、「無理やり詰め込んで他人が視聴者に与える」というように読むことができる。

「無理やり詰め込んで　　視聴者に与えるよりも……」
←抜けている言葉を頭の中で補充する
「無理やり詰め込んで　他人が　視聴者に与えるよりも……」

こうすることで、自他の観点が明確になり、抽象化しやすくなる。

先の表の〈抽象〉にある「受動・能動」も、自他の観点である。受動的とは、「他人」に指示されてから動くイメージ。能動的とは、「自分」から動くイメージ。これが分かっていれば、文②で「よりも」の前にある「受け身」と、「よりも」の後にある「自分」との間に、「受動↔能動」という反対語をイメージすることができる。

これが、「くらべながら言いかえる」ということである（今回の発問は対比しながら理由を説明する問いなので〈類型〉を「くらべながらたどる」と表示したが、理由を答えるにしても結局は「言いかえる」必要があるのだ）。

くらべながら言いかえるためには、多くの反対語を覚えておかなければならない。

と同時に、日常場面に頻出する代表的な「対比の観点」をも、覚えておく必要がある。

反対語は無限にあるが、代表的な観点はさほど多くはない。

私はそれを、「七つの観点」として日頃指導し、自著の中でも紹介している。

ふくしま式　七つの観点

「ものを考える」ときに不可欠となる観点（ものの見方）が、七つある。

①**「時間」の観点**――
時分秒／年月日／朝昼晩／春夏秋冬／過去・現在・未来／時間・期間の長短／遅速／時間の連続性・断続性……等

②**「空間」の観点**――
上下／左右／前後／表裏／内外／遠近／高低／長短／広狭／大小／分布／密度……等

③**「自他」の観点**――自己・他者／主観・客観／能動・受動／自発・強制……等

④**「心理」の観点**――喜怒哀楽に関するあらゆる見方

⑤**「五感」の観点**――視覚／聴覚／嗅覚／味覚／触覚

⑥**「目的・手段」の観点**――目的・目標・方向性／手段・方策・解決策

⑦**「プラス・マイナス」の観点**――
良し悪し／善悪／明暗／前進・後退／幸・不幸／益・害……等

観点というものは無限に存在するが、この七つは特に重要度が高い。中でも、「時間」「空間」「自他」の三つは、意識的に用いることによって思考力を格段にアップさせることができる。

ポイント

反対語を覚えると同時に、七つの観点を意識せよ。
それを起点に、対比の観点を統一していく。

解釈のクオリティを上げる方法

問題（3）

教師Ａ「先日、クラスの子に聞かれたのよ。修学「旅行」とは言うのに、修学「旅」

って言わないのは、どうしてなんですか、って」
教師B「へぇ。それで、なんて答えたの？」
教師A「旅と旅行はどう違うか、ってことだよね。あなた自身はどう考える？　明日までの宿題ね、とか言ってごまかしたわ。うまく答えられないと思ったから」
教師B「ごまかしちゃったのか、ははは……」

（発問） 旅と旅行は、どう違うのか。

〈類型〉どう違うか——くらべる力（対比関係）

旅は訓読み言葉（和語）、旅行は音読み言葉（漢語）。トラベル（外来語）も加えると、題材としてはまた面白くなる。和語、漢語、外来語。同じ意味だと思っていても実は表現によってイメージが異なる言葉は、たくさんある。宿屋、旅館、ホテルなども同様の例だ。

さて、旅と旅行について、対比の観点を整理してみることにしよう。

	〈具体〉		〈具体〉	
	旅		旅行	七つの観点
〈抽象〉	期間が不明確	↔	期間が明確	時間
	未知の場所へ行く	↔	既知の場所へ行く	時間
	不安感がある	↔	安心感がある	心理
	目的が不明確	↔	目的が明確	目的・手段
	自分を見つめる	↔	他人と楽しむ	自他
	少人数で行く	↔	大人数で行く	自他

どれも絶対そうだということではなく、あくまでイメージである。「少人数で行くイメージ」「未知の場所へ行くイメージ」など、「イメージ」を補って考えてほしい。

さて、どのようにすれば、右のようにさまざまな観点が出てくるのか。

観点のバリエーションを増やし、クオリティを上げる方法。

その一つ目は、先に述べた**「七つの観点」を使って考えること**である。

まずは筆頭にあげられている「時間の観点」からチェックしよう。

「時間的にはどう違う?」と自問する。

すると、たとえば「期間」という観点が出る。旅というのはいつ帰ってくるか分からず、期間が不明確だ。一方の旅行はたいてい日程が決まっており、期間が明確だ。冒頭の話題だった修学旅行も、当然期間が決まっている。

「未知・既知」という観点も、実は時間の観点である。一人旅に出る、と言えば、あてもなくまだ行ったことのない場所へ行くイメージがある。一方で、たとえば修学旅行は、毎年同じ場所、つまり既知の場所に出かけるのが通例だろう。

観点のバリエーションを増やし、クオリティを上げる方法の二つ目は、**因果関係で考える、つまり「たどる」こと**である。

たとえば、「未知の場所へ行く」→だから→「不安感がある」、「既知の場所へ行く」→だから→「安心感がある」というように、たどって考えるわけだ。

もちろん、最初から**「心理的にはどう違う?」**というように七つの観点を用いることで気づく場合もある。今回は、ここから「なぜなら」で逆にたどると、「未知・既知」の観点にたどりつくことになるだろう。

「不安感がある」↓なぜなら↓「未知の場所へ行く」からだ。「安心感がある」↓なぜなら↓「既知の場所へ行く」からだ。と考える形である。

旅って途中で辛いこともありそうで不安だけど、旅行って楽しいイメージで安心感があるよね、などと思いついたときに、「なぜ不安なんだろう、なぜ安心なんだろう」と考えるわけだ。

今述べた「たどる方法」について図示すると、次のようになる。

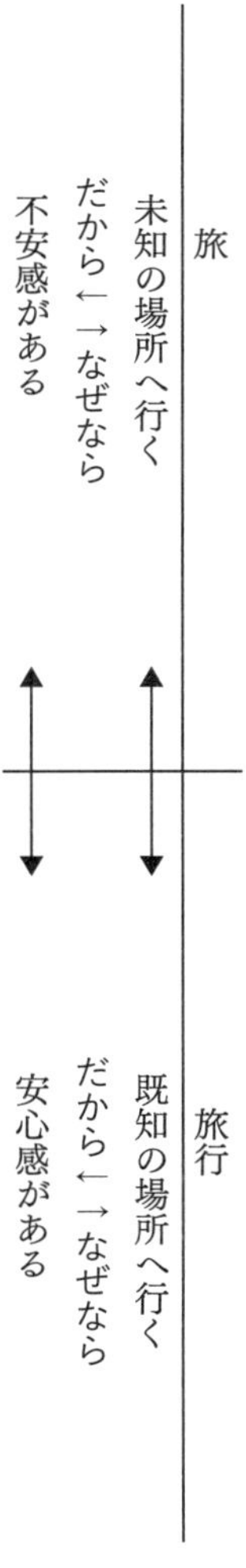

先ほど、旅は「あてもなく」行くイメージだと書いた。「未知・既知」について考える中で浮かんだ表現だが、これは「目的・手段の観点」であるとも言える。

そこで、「旅は目的が不明確なイメージがあるが、旅行は目的が明確なイメージがある」という解釈ができるだろう。「目的」は「目的地」としてもよいだろう。

あるいは、その目的を少し具体化して表現してもよい。

たとえば、「旅は自分を見つめる目的で行くイメージがあるが、旅行は他人と楽しむ目的で行くイメージがある」などと。これは、七つの観点の中の「自他の観点」である。目的・手段の観点と自他の観点とを併用した形である。

なお、「自分を見つめる」場合はたいてい一人旅だろう。「他人と楽しむ」場合は当然ながら、大人数になる。ということで、「一人↔大人数」、「少人数↔大人数」などの観点も思いつく。これも、広い意味で「自他の観点」であると言ってよい。

プロセスが複雑に感じられるかもしれないが、こういった違いについては、**「目的・手段の観点では、どう違う?」「自他の観点では、どう違う?」**などと最初から発問することで、すぐ気がつくこともできるはずだ。

この本を読み終える頃には、かなりラクにできるようになっているはずである。

さて、解答例を文章化しておくことにしよう。こんなふうに文章にまとめる作業は今はさほど重要ではないが、参考にしてほしい。

(解答例)

旅は、期間を定めず未知の場所へ向かうイメージがある。不安も残る中、具体的な目的地もなく自分を見つめるために一人旅に出る。そんなイメージだ。

一方の旅行は、期間が決まった中で既知の場所へ向かうイメージがある。目的地がある中で、多くの他人と和気あいあい出かけるのは、安心感があるだろう。

ちなみに、新聞広告などでよく見かけるパッケージ旅行について、「パリ七日間の旅」などと書かれているのは、「パリ七日間の旅行」とするよりも「未知なる場所へ行くワクワク感」が出るからだと思われる。訪れる場所は多くの人にとって既知の観光地なのだが、初めて行く人にとっては未知であり、その意味では「旅」なのだろう。

ポイント

七つの観点を使うとともに、「だから」「なぜなら」でたどることによって対比の観点のバリエーションを増やし、クオリティを上げよう。

主張をまとめるための黄金の型

観点の「クオリティ」って何？　と思いながら、前項を読んだかもしれない。ここで言うクオリティというのは、客観性が高いと同時に独自性も高い、ということである。

多くの人が「なるほど」と言ってくれるような客観性。

それでいて、少数の人しか思いつかないような独自性。

この「客観性と独自性の両立」が、前項の主眼であった。

次は、独自性を発揮する余地の少ない文章読解である。いかに客観的に読み解くことができるか、ということになる。

ちょっと難易度が上がる。じっくり考えてみていただきたい。

問題（4）

> 日本人はどうも絵に描いた餅を過小評価する傾向が強すぎる（中略）日本の学者は新しい理論を見出したり、理論体系をつくったりするのが下手なことに、それがよく

現れている。細かい事実の発見や改良という点になると日本人は才能を発揮するが、理論体系をつくることは駄目なのである。ある程度の水準の学者は多くいるが、ノーベル賞級の学者となると、欧米諸国と比べて格段に少なくなるのである。

『こころの処方箋』（河合隼雄著・新潮社）より（一部改変）

〈発問〉 引用元の文章の見出しは、「絵に描いた餅は餅より高価なことがある」である。これも踏まえ、右の文章の主張を五〇字以内でまとめよ。

〈類型〉どう違うか／どういうことか――くらべながら言いかえる力（対比関係＋同等関係）

要は、「筆者が最も言いたいのはどういうことか」という問いだ。

一八〇字ほどの文章を五〇字ほどにまとめつつ、意味を明らかにする。

見出しも含め、比喩的・具体的な表現でしか述べられていないため、抽象的なメッセージを引き出すのはなかなか難しい。とはいえ、順に整理していけばなんとかなる。

読解というのは、いつも対比関係を見出すところから始まる。
次の二つの型をいつも念頭において読むことだ。

対比関係　黄金の型二つ

① ア は A だが、イ は B。

② ア は、A ではなく B。
**　 ア は、A よりも B。**

①は、先に登場した型である。
②は、「ではなく」と「よりも」で少し印象が異なる。「ではなく」はAを強く否定している印象があるが、「よりも」はそこまで否定していない。
①は、テーマが「ア」と「イ」の二つある一方で、②は、テーマが「ア」しかない。
②は、「ア」というテーマについて、「常識的にはAだと思われているが、実際にはその逆のBなんですよ」といった「逆説的主張」を整理する際に有効である。
文章によっては、①と②のどちらでも整理できる場合もある。

今回も、日本と欧米という二つのテーマ（アとイ）を対比した文章（①の形）として整理することもできる一方で、日本について、Aという常識を否定し、Bという逆説を主張している文章（②の形）として整理することもできる。

どちらかというと、後者がふさわしいだろう。というのも、欧米については日本ほど詳しくは説明されていないからだ。あくまでテーマは日本人である。

そこで、「アはAよりもB」の形を意識して、A・Bを文章から抽出する作業に入る。

まず、アは「日本人」とする。

「日本人は、AよりもB（を大切にすべきだ）」といった方向性で、A・Bを整理する。

まず、発問に書かれた見出し、「絵に描いた餅は餅より高価なことがある」に注目する。

一般的に、絵に描いた餅という言葉は、「そんなの理想像にすぎない」という批判的文脈で用いられる。しかし筆者は、文章の冒頭で「日本人はどうも絵に描いた餅を過小評価する傾向が強すぎる」と言っている。ということは、筆者はむしろ「理想を描け」と言っているのだな、と理解することができる。

それを踏まえると目が向くのが、「ノーベル賞級」や「理論体系」といった言葉だ。これは、「ビッグな理想」（B）を持とうよ、と言っているわけだ。今ビッグと書いたが、その対比として、「細かい／ある程度の」（A）といった表現がある。

しかし、このままでは**対比の観点**がバラバラだ。そこで、A・Bを「小規模・大規模」などと抽象化する。

そして、今述べた「理想を描け」における「理想」の反対語は「現実」だ。

そこで、答えのイメージは次のような文になるだろう。

「日本人は〈小規模・現実〉よりも〈大規模・理想〉を大切にすべきだ」

こうしたイメージを持ちつつ、本当にこれでよいのか、確かめる。

目が向くのは、本文にある「事実の発見や改良」という表現における「事実」という言葉だ。「事実」と「現実」。「実」の字が一致している。

また、本文にある「理論体系」という言葉の「理」は、「理想」の「理」と一致している。

この「実」と「理」は対比的意味を持っている。反対語であると言ってもよい。

さらに言うと、「体系」、特に「系」の一字は、全体のつながりを意味する。この「全体」のイメージは、「細かい」（部分）と対比的である。

こうしたことから、「日本人は〈小規模・現実〉よりも〈大規模・理想〉を大切にすべきだ」というイメージは正しいことが裏づけられる。

文章の意味を読み解くにあたっては、この「漢字一字に注目する習慣」をつけてほしい。気がついていなかった「意味」をとらえるヒントになる。

さて、今述べたことを表に整理しておこう。

	A		B
〈具体〉	餅	より	絵に描いた餅
	細かい事実の発見や改良	より	新しい理論を見出す 理論体系をつくる
	細かい（≒部分）	より	体系（≒全体）
	ある程度の水準	より	ノーベル賞級
	↓抽象化		↓抽象化
〈抽象〉	小規模	より	大規模
	現実的な価値	より	理想的な価値

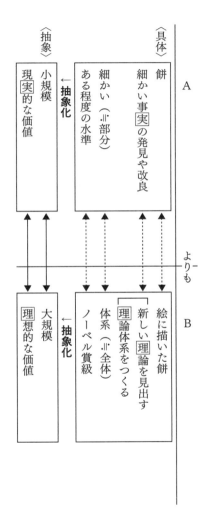

ポイントを整理すると、次のような対比のイメージになる。

事実・現実 ⟷ 理論・理想
細部 ⟷ 全体・体系

さて、答えは次のようになるだろう。

（**解答例**）日本人は、小規模で現実的な価値を求めるよりも、大規模で理想的な価値の像を描くべきだということ。（四七字）

この中の「価値」という共通項が出てこないケースが意外に多い。**世の多くの主張は「価値」について語っている**のだから、いつも念頭においておけば、スムーズにこうした言葉を引き出せるだろう。

今回はそもそも、発問で紹介されている見出しである「絵に描いた餅は餅より高価なことがある」の中の「高価」や、本文中の「日本人はどうも絵に描いた餅を過小評価する傾向が強すぎる」の「評価」などの中に、明らかに「価値」の意味が含まれていることにも注目したい。

なお、今回の引用元の文章には、「絵に描いた餅はヴィジョンである」というフレーズも書かれている。ヴィジョンとは展望のことだが、物理的な「遠く」を見よというのではない。時間的な「遠く」、つまり未来を見ることの重要性を伝えている。だから実際には、右の解答例に時間の観点も加わる形でまとめることになる。

引用元である『こころの処方箋』は、心理学者である故・河合隼雄氏のロングセラーである。初版は平成四年だが、全く色あせない随想が描かれている。ぜひ手に取ってお読みいただきたい。ふくしま国語塾では、この本を教材の一部として長年使用している。

さて、今回はやや難易度が上がった印象があったと思うので、まとめておこう。

「主張」とはいつも、何かを否定し何かを肯定するものである。たとえ肯定的主張しか表現されていないとしても、その裏には否定する存在への意識がある。「いいね」と肯定しているだけだとしても、「よくないね」と否定する存在を踏まえているわけだ。だから、**主張というものはいつも「どう違うか」という問いの答えになっており、次の型によって整理できる**ことになる。これらの型を、そらで言えるようにしていただきたい。

① アはAだが、イはB。
② アは、AではなくB。
　 アは、AよりもB。

ポイント
主張をまとめるための「対比関係　黄金の型」を、覚えよう。

読解の正攻法はこれしかない

今やネット上にも、読解力がないと理解しきれないような長文が数多く掲載されている。そこで、ノーベル化学賞受賞者・野依良治《のよりりょうじ》氏に対するインタビュー記事を読んでみよう。

問題(5)

① 問題は、学びが消極的な点。積極的に定説に対して疑問を投げ掛けたりすることがない。教科書などに書いてあったら、「ああ、それはそうですね」で済ませ、自分で考え「そうじゃないんじゃないか」と、工夫して挑戦しないのですね。（中略）

② 今の大きな問題は、好奇心を持って自ら問う力、考える力、答える力。これらが落ちているということ。なぜそうなるのかというと、社会全体を覆う効率主義、成果主義のせい。（中略）問題の全体像をつかみ、自ら考えて、答えを得るというプロセスがなければ、知力を培うことは絶対にできません。

③ （インタビュアー）全体像を把握する力も足りていませんか。

例えば私たちは一冊の本があったら、まず第1章、第2章、第10章、第15章と、前から目次を順次眺めながら、全体の学問の構造を勉強しました。目次は大事です。

しかし、今の大学生は目次には関心がなく、索引を見ます。例えば索引で万有引力の部分を読んで、「おお、万有引力とはこういうことか」と。細胞死なら細胞死の記述だけを読んで「これは分かった」と。だから知識が体系化されず、ばらばらで断片的

なのです。（中略）

④　学校教育が疑いを持つことを許さないのではないか。発展につながるいい問題を作るのは、与えられた問題にいい答えを出すよりも、ずっと難しいのです。平凡な既成の問題に答えてもまったく意味を成さないはずで、なぜこんなことが分からないのか。

Yahoo! ニュースオリジナル記事（The PAGE）より
（一部改変・①〜④は便宜上の段落番号）
https://news.yahoo.co.jp/articles/6d1822e5ff5114e4b25a10dbe0cd75646a2809e2

（発問） 野依氏の主張はいわば、「索引主義よりも目次主義をとれ」ということになるが、これはどういうことか。文章全体をふまえ、一〇〇字以上一二〇字以内でまとめよ。出だしは、「何かを学ぼうとするときに」とすること。

〈類型〉どう違うか／どういうことか――くらべながら言いかえる力（対比関係＋同等関係）

「どういうことか」と問うているが、索引主義と目次主義の違いを考えるわけなので、「両者はどう違うか」という問いとほぼ同じである。
考える手順はここまでに見てきたとおりである。

まずは、全体の骨組みをイメージする。

［ア］は、［A］よりも［B］。

アは文の「主題」である。「～は」となっているため「主語」なのかと思いがちだが、そうではない。あくまで「主題」でさえあればよい。
「は」がつけば主語、と感じてしまうのは、小・中学校で習う悪しき学校文法の影響であり、実際には「は」がついても主語ではないケースがいくらでもある。
たとえば、「今日はよい天気だ」という文の主語は何か。ともすると学校教師でさえ、そんなの簡単、「今日は」でしょ、と答えてしまう。しかしこれはあくまで主題であり、主語ではない。この文は正確には、「今日という日について言うと、その天気が、よい天気だ」

と言っているのであり、主語は「天気が」である（実際には省略されている）。

もう一つ。「彼女は踊った」という文の「彼女は」はどうか。これは、「彼女について言うと」という主題であると同時に、「彼女が」という主語でもある。外国人に教えるならば、「彼女がは」と表現すべきところだが、日本語のルールとしてこうした助詞の並べ方はしないため、「は」だけになっている。要は、見かけ上「は」が主語に見える場合がある、ということだ。

話がそれた。ともあれ、型の中に「は」とあっても、それが主語であると思わなくてよい、むしろ主題と思ってほしい。「アは」の部分は、「アならば」「アだと」「アの場合に」など、多様な表現が入りうる。

発問で指示されている書き出し、「何かを学ぼうとするときに」も主題であり、アに入れることができる。


さて、問題はAとBだ。

繰り返すが、読解というのは、いつも対比関係を見出すところから始まる。

まず①段落から「消極的・積極的」という反対語が出てくる。これは言いかえる必要のない「対比の観点」であり、そのまま使ってよい。ただし後述の解答例ではあえて受動的・能動的という類義語で言いかえている。

次に②段落。「自ら問う」「自ら考え」などと書かれている部分に注目する。これは「七つの観点」のうちの**「自他の観点」**である。自分から動くか、他者に言われてから動くか。これも、受動・能動ということである（その意味で、受動・能動も自他の観点の反対語である）。続けて②段落に出てくる「効率主義」や「全体像」という言葉も対比的に用いられているのだが、まだここを読んでいる段階ではそれが対比であるとは気づきにくい。

③段落でようやく、索引・目次という比喩が登場する。**対比関係を示す「しかし」を挟んで**前半で「目次を順次眺めながら、全体の学問の構造を勉強しました」と述べ、後半では「索引で万有引力の部分を読んで」と述べている。ここから、目次は「全体」、索引は「部分」を意味する比喩なのだろうということが分かる（ひるがえって、②段落の「全体像」も対比の観点になっていたことに気づく）。

③段落では、「知識が体系化されず、ばらばらで断片的」とも書かれている。「ず」という一字に注目すると、その前後は対比的であるという推測がつく。ここから、知識は「断片ではなく体系」つまり「部分ではなく全体」が重要だと言おうとしていることが分かる。

なお、体系とはそもそも「全体的なつながり」を意味する言葉である。
④段落では、「与えられた問題」を否定しているため、ここも「受動」の否定であることが分かる。「与えられた」というひとことだけを見て「受動的」「受動性」と言いかえることができるのが、**言いかえる力**であり、**抽象化力**である。
また④段落には、「平凡な既成の問題」とある。「既成」というのは、誰かが既に作ったものであり、ここにも受動性の否定が見受けられる。

と同時に、「既」の**一字に注目**したい。これは「既知」の「既」であり、ここには「既知・未知」の観点も隠されているということに気づけるだろうか。既知で満足せず、時間をかけて未知を探れというのだ。

ひるがえって、効率主義・成果主義の否定が述べられていたことを思い出そう。

効率主義の否定は、「早く終えることより時間をかけることが大切」という意味だ。そして、成果主義の否定は、「結果より過程が大切」「ゴールよりプロセスが大切」「目的より手段が大切」ということになる。

合わせると、「早く結果を出すより、時間をかけるプロセスを大切にせよ」という主張だということが、ここから読み取れるわけだ。効率主義は**時間の観点**、成果主義は**目的・手**

段の観点であり、どちらも七つの観点で解読する形になる。

ここまでの内容を表にしておこう。（　）はやや具体性が残る文中の表現を意味する。

索引主義		目次主義	七つの観点
消極的	↔	積極的	自他
（与えられた問題）	↔	（自分で考え・自ら問い）	自他
受動的	↔	能動的	自他
部分（断片）	↔	全体（体系）	空間
既知（既成）	↔	未知	時間
早く終える（効率主義）	↔	時間をかける	時間
ゴールが大切（成果主義）	↔	プロセスが大切	目的・手段

なお、61ページなどでは、文中の具体的表現をまとめて□で囲み、それをまとめて抽象化し□で囲むイメージの表にしたが、今回は抽象化したあとの観点をメインとして列挙し、文中の具体的表現については（　）で表記する形にした。今後もケースバイケースで見やすい形の表現を優先するので、ご了承いただきたい。

さて、こうして整理した観点を組み合わせながら答えを作ると、こんな感じになる。

(解答例)

何かを学ぼうとするときに、断片的な既成の答えを効率よく手に入れて満足するような受動的な姿勢でのぞむのではなく、時間をかけてでも全体をつかもうとし、定説に疑問を持って未知を探るような能動的な姿勢でのぞむべきであるということ。(一一一字)

表の中の観点がどこに反映されているかチェックし、□で囲むなどしてみてほしい。

なお、抽出した観点はその全てを使わなければならないわけではない。

同じ観点はワンセットにしてよいし、語と語のつながりが不自然になりそうな観点は、省く、言いかえる、二文に分けて書くなどすればよい。

今回は、成果主義に関する観点を「結果・過程」や「ゴール・プロセス」として書くとどうも主張がぼやけてしまうため、ここはやや具体性を残し、「答えを手に入れる・疑問を持つ」といった形に直した。①・②段落などをもとにしている。

ここまで読んできた読者諸氏は、「なるほどなあ」と思う反面、「たとえ観点を抽出できたとしても、スムーズに文として
つなげるのは難しいなあ」と思ったことだろう。
しかし、**読解の正攻法はこれしかない**のである。トレーニングあるのみだ。

ちなみに、引用元の文章では、次のような表現も登場する。
「ドローンでさっと舞い上がって、あらかじめ見たいものだけをピンポイントで見てくるようなものです」

ここで想起されるのはネット検索だ。そういえば、索引の「索」は検索の「索」だ。野依氏は、ネット検索して答えを断片的に手に入れるやり方にも、当然懐疑的なのだろう。

そう考えると、文章中に全く書かれていない「デジタル・アナログ」といった観点も浮かんでくる。それは大胆すぎる言いかえだと思うなら、「点的・線的」といった言葉もある。こうした観点を含めて答えを作っても、もちろんかまわないわけである。

ポイント

本文を言いかえながら対比の観点を整える。それを組み合わせて、主張をまとめる。これが、読解の正攻法だ。

第3章

類似したものごとの相違点をとらえる（2）

SNSの短い一文もこだわって読む

この章では、普通の文章とは少し違った形のテクスト(本文、題材文)を用いて、読解のトレーニングを進めていく。結局のところ「文」ではあるのだが、日常のさまざまなシーンに題材は転がっているのだということを、ぜひ認識していただきたい。

さて、まずはツイートから。ちなみに私は二〇〇九年以来のTwitterユーザーなので、今でも「X」という呼び名に抵抗があり、Twitterと呼んでいる。ツイートについても、わざわざ「ポスト」などと言いかえるつもりはないので、お断りしておく。

問題 (6)

> 野菜は健康のために食べるもんじゃなく、美味しいから食べるもんなんだよ。
>
> 2024/03/14　実業家・堀江貴文氏のツイート
>
> https://x.com/takapon_jp/status/1768209888046616635

★あなたなりに「発問」し、答えを作ってみよう。

ここからしばらくは、発問練習を取り入れる。

あなたなら、このツイートを読んで、どのような問いかけをするだろうか？

これまでの練習を生かして発問した上で、答えも作ってみてほしい。

その具体例を解説する前に、このツイートの背景を少し説明しておこう。

普段から、いわば「肉好きツイート」を書いている堀江氏に対しては、「野菜も食べないと太りますよ」とか、「野菜も食べないと健康に悪いと思いますが」とかいうタイプの、いわゆる「クソリプ」がつくことが多い。

このツイートは、そういう反応に対して書かれたものだったと記憶している。

そして、このツイートは現時点で六万五千いいねがついている。それだけ多くの人の心に届くようなメッセージ性があったということだ。

しかし、その六万五千人のうちどれだけが「理解した」かと言えば、かなり怪しい。このツイートは、やや分かりにくいのだ。

分かりにくいと言える理由は、ここまで読んでいる読者ならばもうお気づきだろう。37ページでも述べたように、**「分かる」とは「分ける」ことであり、対比の観点が統一されていない限り、それは「分かったつもり」にすぎない。**

読解の発問というのは、おしなべて、この「分かったつもり」を突く問いであるべきだ。さあ、あなたはどのように問うだろうか。

次のいずれかが浮かんでいれば、合格だ。

〈発問例〉

① 健康のために食べることと、美味しいから食べることは、どう違うか。説明せよ。
② このツイートはどういう意味か、説明せよ。
③ 書き手は、なぜこのツイートのように述べているのか、説明せよ。

①は、両者の違いを問うている。**「くらべる」問い、対比関係整理の問い**だ。これまでにも行ってきた形、「アはAだが、イはB」の型で答えることになる。

②は、どういう意味かと問うている。**「言いかえる」問い、同等関係整理の問い**だ。ただ、結局は①の問いとほとんど同じ作業を要求することになる。型としては「アはAでは

なくＢ」となるが、内容的には同じだ。解答例を見ればその意味が分かるだろう。
③は、なぜかと問うている。**「たどる」問い、因果関係整理の問い**だ。しかしこれも結局は、①・②と同様の作業を行うことになる。
今回は、解答例を列挙してから、対比の表に整理していくことにする。

（解答例……発問①の場合）

（１）「健康のために食べる」とは、理性的に先を見とおして食べることだが、「美味しいから食べる」とは、感覚的に今の欲求に従って食べることである。

（２）「健康のために食べる」とは、理性的に頭を使って食べることだが、「美味しいから食べる」とは、本能的欲求に従って食べることである。

（３）「健康のために食べる」場合、食べることの先に目的があるが、「美味しいから食べる」場合、食べることとそのものが目的である。

（４）「健康のために食べる」場合、食べることは手段だが、「美味しいから食べる」場合、食べることは目的である。

右の（１）を、発問②の形にすると、こうなる。

（解答例……発問②の場合）

（1）野菜は、理性的に先を見とおして食べるものではなく、感覚的に今の欲求に従って食べるものであるという意味。

結局、内容的には①と同じだということが分かるだろう。

③の場合はどうだろうか。同じように（1）で考えてみよう。

（解答例……発問③の場合）

（1）野菜は、理性的に先を見とおして食べるものではなく、感覚的に今の欲求に従って食べるものであると考えたから。

これも結局、発問①のケースと同じであると分かる。

つまり、読解において根幹となるのは、いつも対比関係整理であるということだ。

ただ、言いかえる場合やたどる場合は、対比の後半だけを言いかえたり、たどったりする形が多い。後半というのは、主張そのものである。今回の例で言えば、「感覚的に今の欲求に従って食べる」の部分だ。否定するほうに言及せず、肯定するほうだけを説明することになりやすいわけである。

これらの場合、内容が半減する代わりに、より詳しく述べる余地が生まれるので、言いかえる発問・たどる発問は、くらべる発問と異なる問いであると感じられやすい。しかし、根本的には同じなのだということを、ここで知っておいていただきたい。

さて、解答例をもとに、対比の表に整理してみよう。

健康のため		美味しいから	七つの観点
理性的な見方	↔	感覚的な見方	―
頭（を使う）	↔	本能（的欲求に従う）	―
先（未来）を重視	↔	今（現在）を重視	時間
目的は先にある	↔	目的はここにある	目的・手段
食べることは手段	↔	食べることが目的	目的・手段

「理性↔感性」が基本的な骨組みになるだろう。

ただ、このツイートの内容の場合「感性」では今ひとつ意味が分かりにくいので、「感覚」としたほうがよい。「美味しい」というのは味覚であり、「感情」よりは「感覚」がふさわしい。

「理性⟷感性」を和語で端的に言いかえると、「頭⟷心」となる。

ただ、「心」というよりは「本能」としたほうが、このツイートの内容に合うだろう。

79ページの解答例（2）は、「理性・頭⟷本能」といった対比になっている。

気がつきにくいのは、（3）（4）の解答例で用いた「目的」という見方である。

しかし、常に「七つの観点」を念頭においていれば、容易だったかもしれない。

「目的・手段」の観点で考えると、どうだろう――という自問さえできればよいのだ。

（3）は「食べることの先に目的があるのではなく、食べることそのものが目的」ということだが、これをもう一度チェックしておこう。

「食べることの先に目的がある」というのは、下図を見れば分かるように、「食べることが手段である」ということと同じである。堀江氏はこれを否定し、「食べることが目的である」

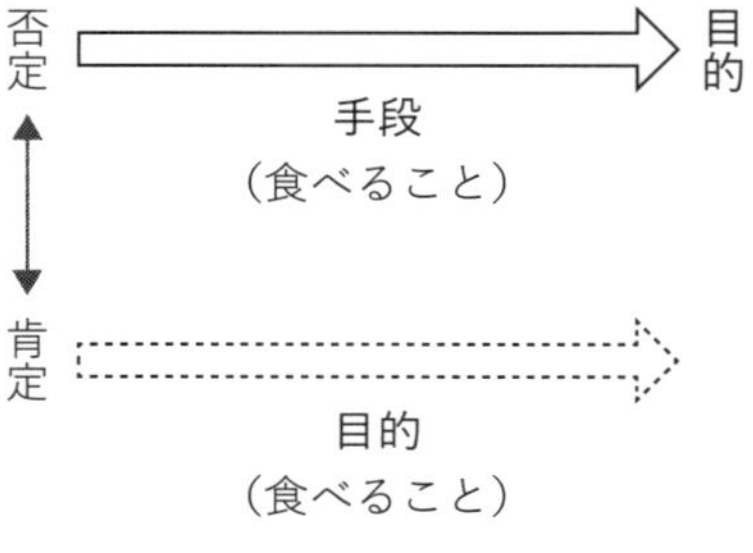

と言っているわけだ。表現としては、「食べることそのものが目的」というようにすれば、なお分かりやすい。

同じ意味を表す文としては、（４）に示したような「野菜を食べることは手段ではなく、目的である」といった表現が最も端的で、分かりやすいかもしれない。

なお一般に、手段は目的の前にあり、目的は手段の後にある。その意味で、目的・手段の観点は、時間の観点と重なる部分があることも、覚えておきたい。

ＡＩに「対比関係整理」はできるのか？

ところで、こうした対比関係整理はかなり機械的な作業にも見える。

ならば、ＡＩにもできるのではないか？

そう思って試してみると、できそうでできない。

どう発問し指示するかによって答えが変動するとはいえ、ＡＩはいかんせん長ったらしく解説する傾向がある。

今回のツイートについてＡＩがどう答えたかを、例示しておきたい。

ツイートをコピペした上で、先の①の問いを投げかけた。

（発問）「健康のために食べることと、美味しいから食べることは、どう違うか。説明せよ」

GoogleのＡＩ「Gemini」の長い答えの終盤、まとめた部分だけ引用しておく。

「健康のために食べる」は、将来の健康を考え、栄養バランスを重視した食事を選ぶことを指します。一方、「美味しいから食べる」は、その場の喜びや満足感を追求し、好きなものを食べることを指します。

一方、OpenAIのChatGPTの答えはこうだ。これも、終盤のまとめだけを引用する。

健康のために食べる：栄養を考えて、体に良いものを摂取することが主な目的で、やや義務的な面があります。

美味しいから食べる：味や食感を楽しみながら、心から食事を味わうことが主な目的で、食事が楽しみや喜びになります。

このように、「健康のために食べる」は身体への影響を重視する理性的な食事、「美味しいから食べる」は味覚の満足を求める感情的な食事です。

Geminiでは、「一方」という接続語の前後に「将来の↔その場の」という対比を見出せる。先に示した対比の観点の表における時間の観点、「先（未来）を重視↔今（現在）を重視」と共通する。

ChatGPTでは「理性↔感情」が含まれており、これも先に示した対比の観点の表と部分的に一致する。

なかなかやるなあ、と思う反面、どうしても分かりにくさが否めないとも思う。

対比関係を示す接続語の前後をパーツ分けすると、観点がバラバラであることに気づきやすくなる。Geminiの場合、無理やり分けると次のようになる。

「将来の　／健康を考え、　／栄養バランスを重視した食事を／選ぶ」
「その場の／喜びや満足感を追求し、／好きなものを　／食べる」

先に述べた「将来の⟷その場の」を除けば、観点がバラバラである。

ChatGPTの場合も、「このように」の文だけを見ても今ひとつ整理されていない。


「身体への影響を重視する／理性的な食事」

「味覚の満足を求める　　／感情的な食事」


先に述べた「理性⟷感情」以外は、バラバラである。

もちろん言語は数式ではないので、全てを反対語・否定表現で揃えられるわけではないが、より分かりやすい文章にする努力は必要だ。ＡＩにも人間にも、頑張ってもらいたい。

ポイント

どの類型の発問であっても、根幹となるのは対比関係整理である。

ＡＩでも陥ってしまう「観点不統一」に、いつも注意を向けよう。

二コマ漫画を「二〇〇字メソッド」で読み解く

次は、文章ではなく、二コマ漫画だ。漫画も、立派な「テクスト」である。

問題⑦

★あなたなりに「発問」し、答えを作ってみよう。

ここでまず、私が提唱している「ふくしま式　二〇〇字メソッド」を説明しておく。あらゆる文章内容はこの型で説明可能である、という形式だ。

> **ふくしま式　二〇〇字メソッド**
>
> ［ア］は［1］なため［A］である。
> しかし、［イ］は［2］なため［B］である。
> （以上、根拠）
>
> だから、［ア］よりも［イ］のほうが［C］であると言える。
> （結論）

「1なため」というのは便宜上の表記であり、正確には「1であるため」となる。また、必ずしも「ため」を使って因果関係を明示しなくてもよい。「1であり」など、1とAとの間のつながりを弱める表現のほうが自然に聞こえるときもある。

全体としては、一文目、二文目で対比的に根拠を示し、三文目で結論を述べる型になっている。

なぜこの型によって「あらゆる」文章が説明できるのかについて、ここで詳細に述べることはしない（それだけを書いた本を既に世に出している）。ただ、63ページでも述べたように、「主張」とはいつも何かを否定し何かを肯定するものであるから、一文目・二文目の内容が一つの主張となっていることはお分かりになるだろう。

そして、その先にもう一段階「結論」が加わるのもまた主張の形であり、その全体を型にしたのが、二〇〇字メソッドである。なお、「二〇〇字」というのはあくまで目安であり、短ければ一〇〇字前後になることもザラにある。

さて、ここで話を戻し、発問例を示そう。

〈発問例〉

① 一コマ目と二コマ目では、受ける印象が違う。どう違うのか。説明せよ。

② この漫画は、どのようなメッセージを伝えようとしているのか。説明せよ。

①は「くらべる」問い、②は「言いかえる」問いである。

それぞれ、解答例を見ていこう。

（**解答例**）

① 一コマ目はできごとを部分的に描写しており、銃を構えたウサギは仲間を攻撃しようとしているように見える。一方、二コマ目はできごとを全体的に描写しており、ウサギが狙っていたのは実は仲間の背後の敵であって、ウサギは仲間を守ろうとしているのだと分かる。

② 部分だけを見ず、全体を見て価値判断すべきだというメッセージ。

「部分←→全体」「攻撃する←→守る」という対比が骨組みとなる（対比項目が少ないため今回は表を省略する）。この解答例を、先の二〇〇字メソッドの型に当てはめてみよう。

① アは　……一コマ目は
1なため……できごとを部分的に描写しており、
Aである……銃を構えたウサギは仲間を攻撃しようとしているように見える。
一方、
イは　……二コマ目は

2なため……できごとを全体的に描写しており、
Bである……ウサギは仲間を守ろうとしているのだと分かる。

①の解答例にある、「ウサギが狙っていたのは実は仲間の背後の敵であって」というパーツは後半の文にしか入っていない肉づけパーツであり、骨組みを表記する上では不要なので、外してある。ただし、一コマ目と逆のことを言うからには理由づけが不可欠であり、解答には入れる必要がある。
①は、二〇〇字メソッドの「根拠」に当たる内容である。
次に、②をチェックしよう。型に合うように少し表現を変えてある。
②　部分だけを見ず、全体を見て価値判断すべきだというメッセージ。
アよりも……部分だけを見る（こと）よりも
イのほうが……全体を見る（ことの）ほうが
Cであると言える。……価値判断には必要だと言える。

①と合わせて読むと、この②が二〇〇字メソッドの「結論」に当たるということが分かるだろう。攻撃しているのか守ろうとしているのかを考えることは、結局のところ「行為に対する価値判断」である、という抽象化も含まれた結論である。

①の**「どう違うか」という発問とその答えは、今見てきたように、「根拠」にとどまってしまうことがある。**最終的な「結論」も導き出すためには、②のように「どのようなメッセージを伝えようとしているのか」、より短く言えば「どういう意味か」「どういうことか」といった問いを発するほうがよいこともあるわけだ。

今回は、「なぜ」という因果関係整理の問いを説明しなかったが、作ろうと思えばいくらでも作れる。

たとえば、「この漫画は、全体をとらえることの重要性を伝えているが、なぜそう言えるのか」と問えば、結論の根拠だけを問うことになる。これは、①の解答例が答えになるだろう。

ほかにも、さまざまな問いを作り得る。

漫画だからこそ、幅広く発想がわくとも言える。

〈他の発問例〉

「この漫画のオチはどこにあるのか」

「背後の敵は何を象徴しているか」


この漫画のオチはどこにあるのか。

「仲間を攻撃するのではなく守っていたんだね、意外だね」という対比が、オチである。

背後の敵は何を象徴しているか。

「結論を逆転させるような、隠された真実」といったところか。「逆転」に対比がある。

なお、この「何を象徴しているか」という問いは、次の章で扱うことになる。


応用すればこうして多様な問いと答えを作れるけれども、その基盤にあるのは、やはり対比関係であった。

ポイント

対比的に整理した情報を根拠とし、その先に対比的な結論を加える形。それが、「二〇〇字メソッド」である。

「三文字のひらがな」で文は読みやすくなる

二コマ漫画を、もう一つ扱ってみよう。

問題（8）

★あなたなりに「発問」し、答えを作ってみよう。

さっそくだが発問例を示そう。

〈発問例〉

一コマ目と二コマ目の共通点と相違点はどこにあるか、説明せよ。

一コマ目は集合写真、二コマ目はスナップ写真の撮影の様子である。今回は、どちらのコマでも女子生徒が笑顔で写真におさまっているという共通点を先に明示し、その上で相違点を書く形で練習をしてみよう。

〈解答例〉 その一

一コマ目も二コマ目も、女子生徒が笑顔で写真におさまっているという点は同じだ。しかし、その笑顔には違いがある。一コマ目は、カメラマンが発した「笑って」という強制的な合図により作られた外発的な笑顔だが、二コマ目は、仲良しグループでいるのが楽しいという心理が呼んだ自発的・内発的な笑顔である。

さて、おなじみになった対比の表にまとめてみよう。

一コマ目の笑顔		二コマ目の笑顔	七つの観点
外発的	↔	内発的	―
強制的	↔	自発的	自他
受動的	↔	能動的	自他
人為的	↔	自然（的）	―
不自然	↔	自然	―
形式的な意味しかない	↔	実質的な意味がある	―
形だけ（外面だけ）	↔	心（内面）が伴う	―

　ここで、別解を示しておく。

（**解答例**）その二

一コマ目も二コマ目も、女子生徒が笑顔で写真におさまっているという点は同じだ。しかし、その笑顔には違いがある。一コマ目は形だけの不自然な笑顔だが、二コマ目は心が伴った自然な笑顔だ。

授業でこうした表を作らせ、それを組み立てることによって文章を構築するように指導すると、次のような文を書く子が出てくる。

一コマ目は、外発的、強制的、受動的、不自然だが、二コマ目は、内発的、自発的、能動的、自然である。

このように「対比の観点を列挙するだけの文」を書いてしまうわけだ。
これでは読み手に意味が伝わりにくい。
先の解答例その一における対比の部分を、再度チェックしよう。

一コマ目は、カメラマンが発した「笑って」という強制的な合図により作られた外発的な笑顔だが、二コマ目は、仲良しグループでいるのが楽しいという心理が呼んだ自発的・内発的な笑顔である。

右の――部には、具体的なイメージがある。それを、「という」を使って抽象化している形だ。その前後が厳密にイコールという形ではないが、おおむね言いかえになっている。

「という」という言葉は抽象化の働きを持つ。

たとえば「みかん、りんご、バナナという果物」のようになにげなく用いているものだが、この「という」を意識して使えば、読みやすい文を意図的に作ることができる。

「**という**」は、ほかにも「といった」「などといった」「などという」「というような」「などというような」などのタイプがある。どれも同じような働きをする。

今回は、「強制的・外発的／自発的・内発的」という抽象度の高い言葉を補足すべく、「カメラマン」や「仲良しグループ」といった具体的イメージの表現を、「という」の前に加えたわけだ。

このような工夫を意図的に行えば、「観点を列挙するだけ」の解答を避けることができる。

ところで、今回は共通点に触れたあとで相違点を書いた。

ここで、一つ確認しておきたいことがある。

それは、全ての相違点は共通点の中にある、ということだ。

逆に、共通点が全くないものごとを比較することはできない。

全ての相違点は共通点の中にある

ところで、先に大事なことを一つ述べた。

「共通点の中に実は相違点がある」と書いた。

実は、全ての相違点は共通点の中にあると言ってよい。

逆に、共通点が全くないものごとを比較することはできないのである。

たとえば、「嬉しい」と「鉛筆」をくらべることができるだろうか。できないだろう。

それは、共通点が見当たらないからだ（そもそも品詞が違う）。

これが、たとえば「嬉しい」と「楽しい」であれば、くらべて違いを説明できそうな印象がある。共通点が感じられるからだ。


このように、共通点がイメージされるものでないと、そこに相違点を見出すことはできない。そして、共通点が明確で類似性が高いものごとほど、相違点を考える価値が高まる。たとえば、「夏と冬」より「秋と冬」のほうが類似性が高いため、違いを考える意味が出てくるだろう。

そこで、先に示した「ふくしま式　二〇〇字メソッド」の型の前に共通点を述べる文を加えてみよう。

ふくしま式　二〇〇字メソッド（共通点明示タイプ）

［ア］も［イ］も、どちらも★である。
しかし、そうは言っても違いはある。
［ア］は［1］なため［A］だが、
［イ］は［2］なため［B］である。
だから、［ア］よりも［イ］のほうが［C］であると言える。

★が、共通点となる。なお、90ページでは「～Aである。しかし、イは～」としているつなぎ方を、ここでは「～Aだが、イは～」とまとめている（「しかし」が二度続かないようにするため）。

共通点に意識を向けるこの形式で文章を作る練習をしておくことが、とりもなおさず読解力向上につながる。**世の主張という主張は、一見類似性が高く区別がつかないようなものごとについて、その違いを主張する形をとるからだ。**

先に90ページで示した二〇〇字メソッドの型でももちろん練習になるが、共通点明示タイプのほうが**対比の観点の統一**に意識が向きやすい。

たとえば、先に例示した「嬉しい」と「楽しい」について、「どう違うか」と問われたら、多くの人は具体例で説明するにとどまる。

嬉しいというのは、プレゼントをもらって嬉しい、といった使い方だけど、楽しいというのは、楽しい旅行だった、というような使い方だよね。プレゼントをもらって楽しいとは言わないし、嬉しい旅行だった、ともあまり言わないよね。

これは正しいのだが、観点が不統一であり具体的すぎるため、説明になっていない。

そこで、共通点に目を向けてみる。こんな文章になるだろう。

★「嬉しい」も「楽しい」も、どちらもプラスの心情である。
しかし、プラスの心情であると言っても、違いはある。

「嬉しい」は、たとえば「プレゼントをもらって嬉しい」のように、プラスの心情が短時間あるいは瞬間的に生じるときに使うが、「楽しい」は、たとえば「楽しい旅行だった」のように、プラスの心情が一定の時間継続して生じるときに使う。


「どちらもプラスの心情だ」ととらえることにより、「そうか、その心情が続く時間の長さの違いか」などと気がつきやすくなる。もちろん、七つの観点を起動して「時間の観点」だと最初から気づくこともあるが、共通点を見出すことが理解のきっかけになることもあるわけである。

今回の例を、次ページに図示しておこう。

なお、右の★の文章の三文目は、具体例を加えたパターンであり、次のような形になっている。

アは、たとえば1のようにAだが、
イは、たとえば2のようにBである。

1・2パーツには、このように具体例を加えてもよいわけだ。この場合、1・2パーツは必ずしも対比的である必要はない。

こうして変形して使うことも多いのが「型」である。

とはいえ、まずは本来の型どおりに文を構築できるようにしたいところである。

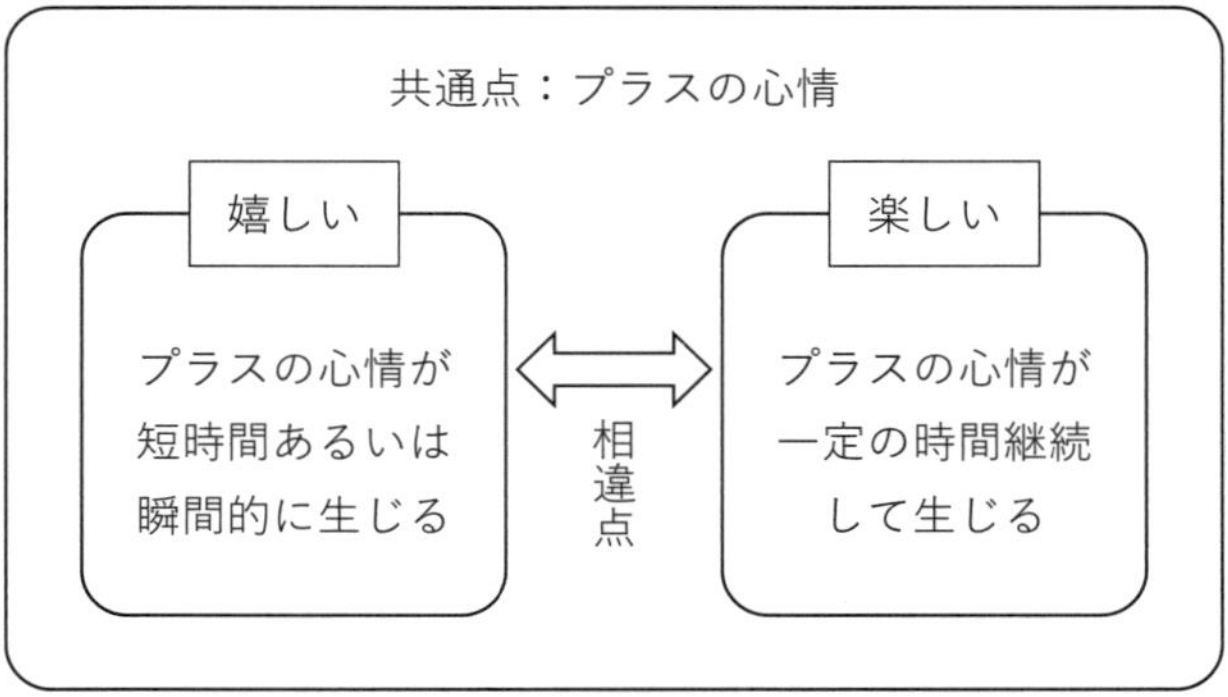

「嬉しい」と「楽しい」の相違点を
共通点をもとにして発想する

ポイント

共通点を意識することが、対比の観点の統一に役立つ。

言葉が削られたテレビＣＭを読解する

当初、こう述べたのを覚えているだろうか。

表、グラフ、図、イラスト、漫画、写真・画像、あるいは音声、映像。こうしたあらゆるものが読解の対象になる、と。漫画については、ここまでに見てきたとおりだ。

そして、言語で表現されていない音楽や映像も読解対象であり、言語化して整理することができる。

ただ、そういったメディアを書籍の上で再現するのは難しい。ウェブサイトに掲載して視聴できるようにする形も考えはしたが、やはり本は本の中で完結させたい。

そこで、映像ではあるがセリフが入ってくるものを一つ、扱うことにする。

二〇二四年春頃によく目にしたＣＭだ。フォルクスワーゲンの車種であるGolfの五〇周年に合わせて作られたらしいＣＭである。

例によって、このテクストに対し発問をしてみてほしい。

問題（9）

（女性の声）流行はすぐに消える
（女性の声）オリジナルはカルチャーになる
（男性の声）本当の「いいね」は時代を超える
（男性の声）五〇年の進化をみんなに
（二人の声）ゴルフライフを今あなたに　ザ・ゴルフ

フォルクスワーゲンGolfのＣＭより

★あなたなりに「発問」し、答えを作ってみよう。

ＣＭは、短い時間でメッセージを伝えるために言葉を削っていることが多く、理解する前に流れ去ってしまいがちである。このＣＭも、ともするとスルーしてしまうかもしれない。

「しかし」「一方」など、対比を示す接続語があれば意味が浮き彫りになるのだが、そこは詩のようなもので、ゴツゴツした論理が表面に出ないよう、あえて隠されている。

それでは、「しかし」はどこに入るだろうか。

少し、考えてみてほしい。

意味上のプラス・マイナスが分かれば、簡単である。

答えは、「流行はすぐに消える」と「オリジナルはカルチャーになる」の間である。

「流行はすぐに消える。しかし、オリジナルはカルチャーになる」

このような形になり、対比関係であることがよく分かる。

接続語を補うことが、理解の助けになるわけだ。

ところで、発問例に進む前に、一つ押さえておきたいことがある。

「文頭接続語」は省略されやすい、ということだ。

たとえば、「だから」「なぜなら」などという言葉は、文章を読んでいても意外に出てこないものである。

1「今日は寒いよ。だから、上着を着なさい」
2「今日は寒いから、上着を着なさい」
3「今日は寒いよ。上着を着なさい」

1は堅苦しい。なかなか言わない。文を切って、次の文の頭（文頭）に接続語を置いて、という形は、ゴツゴツした印象を与えるため、会話ではなく文章として書く場合も、3のように省略することが多い。ただし、2は十分ありうる。2は文の途中（文中）に「から」（文中接続語）を用いた形だ。文中接続語は、省略が難しい。

同様に対比関係の接続語も、文を分けている場合は省略できる。

1「今日は寒い。しかし、明日は暑い」
2「今日は寒いが、明日は暑い」
3「今日は寒い。明日は暑い」

やはり、1は堅苦しい。2は十分ありうる。

3はどうだろうか。これも、十分ありうる。ただ、誤読の可能性がある。1、2のあとで読めば「対比しているんだろう」と思えるが、いきなり3を読んだら、「じゃあ、明後日は？」と言いたくなるような印象だ。つまり、対比関係ではなく、日ごとの気候をただ並べているだけの「並列関係」にしか見えないかもしれないのだ。

対比というのは、前と後をくらべて後を強調する意図があるが、並列は前と後の関係が対等である。似ているようだが、受ける印象、受け取る意味が変わってくる。

4「今日は寒い。最近までは穏やかな日が多かった」

こんなふうに書かれたら、どうだろうか。

何が言いたいのか、今ひとつ分からない。「今日」と「最近まで」。「寒い」と「穏やか」。それぞれが対比されているんだろう、とは思えても、対比関係の接続語がないため、本当に対比なのかどうか、ぼんやりとしてしまう。

「今日は寒い。しかし、最近までは穏やかな日が多かった」

という形とくらべれば、印象は大きく違うだろう。

ひるがえって、今回のCM。これも、今の4と似ていることに気づいただろうか。

「流行はすぐに消える。オリジナルはカルチャーになる」

このCMをスルーしてしまいやすい理由は、ここにある。

とはいえ、CMというのは商品なりサービスなりを宣伝するのが目的であり、なんらかの主張が含まれていなければおかしい、ただ並列しているはずがない、と考えるべきだ。ここはやはり、「しかし」を補うべきなのである。

さて、そうなると前後はどう違うのか。対比の観点が不統一なので、はっきりしない。そこで、まず発問すべきは、次のような問いになるだろう。


〈発問例〉

①「流行はすぐに消える。（しかし）オリジナルはカルチャーになる」とは、どういうことか。説明せよ。

「言いかえる」問いだが、これまでと同様、結局は「くらべる」問いになっている。だいぶ練習してきたので、ある程度の答えは浮かんでくるだろう。

例によって、対比の表にしておこう。

ア　流行	イ　オリジナル	七つの観点
コピー	オリジナル	自他
模倣（他人を真似る）	独創（自分で生み出す）	自他
A（すぐに消える）	B（カルチャーになる）	
長続きしない	長続きする	時間
評価が続かない	評価が続く	時間
定着しない	（文化として）定着する	□□

これまで見てきたように、通常は「アはAだが、イはB」のA・Bパーツ（述部）を中心にして抽象化し、観点を見出していくのだが、ときにはア・イの表現（主題）自体を直接的に抽象化する必要が出てくる。通常は、アの説明であるA、イの説明であるBを言いかえていけば自ずとア・イを理解できるのだが、今回の文のように、A・Bを言いかえただけでは不十分な場合があるわけだ。

さて、これらを使って解答例を作ると、こんなふうになるだろう。

〈解答例〉

① 流行とは模倣であり、模倣の産物は長く評価され続けることはない。

一方、オリジナルつまり独創は、長く評価され続ける。そして、その先で文化として定着する、ということ。

機械的な文を、少し手直ししたのが右の解答例だ。機械的なままならば、こうなる。

「流行とは模倣であり、模倣は長く評価され続けず、文化としては定着しない。

一方、オリジナルとは独創であり、独創は長く評価され続け、文化として定着する」

ただ、前半はしょせん流行であり、その時点で文化というイメージが薄いので、解答例では「文化」のパーツをカットした。「カルチャー」であると強調したいのは、あくまでも後者なのだ。

31ページで述べたように、対比というのはパーツの数のバランスをとるべきものだが、あえてバランスを崩したほうがよいケースもあるわけだ。

さて、発問例をもう一つ紹介しておこう。

〈発問例〉

②「本当の「いいね」は時代を超える」とは、どういうことか。説明せよ。

これは、①を考えてきたあとならば、理解しやすいだろう。「いいね」とは、評価のことである。先の解答例の「評価」という言葉は、ここをヒントにすれば、より浮かびやすい。

「評価なんて言葉、このCM聞いたってすぐには出てこないよ」と思ったかもしれないが、62ページでも述べたように、世の多くの主張は価値について語っているということを踏まえれば、さほど難しいことではないはずだ。

さて、「本当の」とあることから、これは「ニセの」との対比だと分かる。そこで、次のような答えになるだろう。

〈解答例〉

② 真の評価は、流行のような一過性の評価とは違い、長期間にわたって続くものだということ。

こうして見ると、結局は、①と同じようなメッセージだったことに気がつくだろう。

ところで、省略される接続語について先に述べた際に触れなかったが、同等関係の接続語についても、省略されることはよくある。

1「みかん、りんご、バナナを食べた。つまり、果物を食べたのだ」
2「みかん、りんご、バナナを食べた。果物を食べたのだ」
3「みかん、りんご、バナナを食べた。果物を食べた」

1の「つまり」を省略して2のようにしても、十分通じる。

ただ、3はやや違和感が残る。これも先ほどと同様、どこか「並べている」印象がぬぐえない。2の「のだ」という文末接続語は、前の文を抽象化する（言いかえる）という重要な機能を持っていたわけだ。先に、文中接続語は省略が難しいと書いたが、文末接続語も同様に難しい。

なお、「のだ」は原因・理由も表す。因果関係整理の機能もあるわけだ。

「学校を休んだ。風邪を引いたのだ」ならば、風邪を引いたことが学校を休んだことの理由であると明確に分かるが、「学校を休んだ。風邪を引いた」では、単に事象を並列しているだけで、下手をすると「休んだ次の日に風邪を引いた」とも受け取られかねない。これでは出来事の順序まで変わってしまう。

「のだ」は、「のである」「わけだ」「わけである」なども同様で、同等関係整理（抽象化）、因果関係整理（理由づけ）の働きがある文末接続語であり、省略するのは難しい。よく覚えておきたいところだ。

ちなみに、先ほど「並列関係」というのが唐突に出てきた印象があっただろうか。26ページにまとめた三つの関係以外にも、「並列関係」と「補足関係」を加えることができる。

並列関係

接続語で言うと、「また・または・しかも・あるいは・そして」などが示す関係。

「AまたはB、あるいはC」「AそしてB、しかもC」など、それぞれが対等なイメージで並んでおり、どれかが中心的というわけではない。「赤またはピンク、あるいは紫が似合うと思います」などといったイメージだ。なお、「そして」は因果関係なども示しうる。

補足関係

接続語で言うと、「ただ・ただし・実は・なお」などが示す関係。「A、ただしB」のように、Aが中心で、Bは補足となる。「赤が似合います、ただし昨年の衣装も赤でしたが」などといったイメージだ。

これら並列関係・補足関係は、論理関係としては弱く、ことさら重視する存在ではないため、三つの関係に入れていないということを、お断りしておく。

ポイント

接続語を補いながら読むことで、関係を明確にすることができる。

第4章

比喩を言いかえる

東大入試に頻出する問いのパターンはこれだ

ここからは、言いかえる力、つまり同等関係整理力にスポットをあてていきたい。

これまでに見てきたように、文章全体の骨組みと言えば第一に対比関係なのだが、その対比の前半・後半のどちらかに注目し、片方だけを言いかえるような部分的作業が必要になることも多い。

そこでこの章では、比喩的表現の言いかえ問題を中心に解説していく。入試読解では、筆者独自の比喩的表現に傍線が引かれ、その部分の意味を説明する問いが多く出題される。何を隠そう東大の入試問題にも頻出するパターンである。

こうした問いは、文章全体の骨組みとなる対比関係を押さえている必要がある一方で、答えとしては該当部分の言いかえのみが求められるため、注意が必要だ。

もちろん、もう入試問題なんて解かないという立場・年齢の方も読者には多いだろう。しかし、比喩的表現というのは日常の至るところで用いられており、はたと立ち止まってその意味を考えてみることで理解が進むということも多い。心して取り組んでいただきたい。

問題（10）

56ページでも登場した、臨床心理学者・河合隼雄氏による『こころの処方箋』（新潮社）の一節について述べる（一部、文字表記等を改めている／マル番号は解説用に付している）。

概要［漁船で出かけた数名が海釣りに夢中になっているうちに日が暮れて闇に包まれてしまい、帰るべき方角が分からなくなった。必死になって灯をかかげて方角を知ろうとするが、見当もつかない。そのうち、一人が灯を消せと言った。闇夜に目が慣れると、遠くの方に浜の明かりがぼうっと見え始め、帰るべき方角が分かり、無事に帰ることができた］①

このエピソードと重ね合わせるように、河合氏は自らの体験談を続ける。

概要［子育てに悩む親が相談に来た。ある人は過保護はいけないと言い、ある人は甘えさせろと言う。そのとおりにしてもうまくいかない、というわけで、相談に来る］②

どちらの考えもそれなりに一理あるけれども、と前置きをした上で、河合氏は次のように述べている。

引用「それは目先を照らしている灯のようなもので、その人にとって大切なことは、そのような目先の解決を焦って、灯をあちらこちらとかかげて見るのではなく、一度それを消して、闇の中で落ち着いて目をこらすことである。そうすると闇と思っていた中に、ぼうっと光が見えてくるように、自分の心の深みから、自分の子どもが望んでいるのは、どのようなことなのか、いったい子どもを愛するということはどういうことなのか、がだんだんと分かってくる。そうなってくると、解決への方向が見えてくるのである」③

そして最後に、「目先を照らす役に立っている灯――それは他人から与えられたものであることが多い――をあえて消してしまい、闇の中に目をこらして遠い目標を見出そうとする勇気」④が大切であると説き、「最近は場あたり的な灯を売る人が増えてきたので、ますます、自分の目に頼って闇の中にものを見る必要が高くなっていると思われる」⑤と締めくくっている（「　」内は引用）。

〈発問〉文章中における「灯を消す」とは、どういうことか。三〇字以内で説明せよ。
〈類型〉どういうことか――言いかえる力（同等関係）

比喩は、受け手の脳内に具体的なイメージをパッと広げてくれる。比喩表現をうまく使うことができれば、抽象的にあれこれ説明するよりも効率的に、メッセージを伝達することができる。

しかしその効率性の分だけ、リスクもある。**比喩は、受け手が「分かったつもり」になりやすいのである。**

具体的比喩表現を抽象化して説明できてこそ、本当に理解したと言える。

この文章における「灯を消す」の意味もまた同様だ。

ただ、その前に基本パターンを示しておきたい。

比喩の言いかえ　基本パターン

〈具体〉猿も　　　　木から落ちる
〈抽象〉名人でも　　失敗する（ことがある）
〈具体〉大谷翔平でも　盗塁でアウトになる（ことがある）

「猿も木から落ちる」を抽象化すると、「名人でも失敗する」となる。

「名人でも失敗する」をさらに別の例によって具体化すると、「大谷翔平でも盗塁でアウトになる」などとなる。

「猿も木から落ちる」とはどういうことか、と問われたとき、「大谷翔平でも盗塁でアウトになるとか、そういうことでしょ」と別の例によってのみ説明したつもりになるのはリスクがある。「大谷翔平の盗塁成功率」についての相手の認知度に依拠することになるので、誤解を招く可能性があるわけだ。

やはり、「その道の名人でも失敗することがあるってことでしょ」と抽象的に説明する必要がある（もちろん、そのような抽象的説明とあわせて大谷翔平の例を挙げられるならばそれがベストだが）。

そんなわけで、「灯を消す」についても、まずは抽象化できる必要がある。


ところで、「レモンってどういうものか説明して」と言われたら、どう答えるだろうか。「どういうって……果物でしょ」とか、「黄色いものでしょ」とか、「酸っぱい食べ物でしょ」とか、どうにでも答えられるだろう。

しかし、「グレープフルーツとくらべて、レモンってどういうもの？」と問われれば、「グレープフルーツは甘酸っぱいけど、レモンは単に酸っぱいよね」とか、「グレープフルーツは直接食べられるけど、レモンは直接はほぼ無理だね」とか、観点を絞り込んで説明することができる。

今回も、「灯」（光）だけを説明しようとすれば、レモン単体と同じようになってしまう。やはり、「闇」とのセット、つまり対比関係で考えるのが近道なのである。

そこで、例によって対比の表に整理しておこう。

七つの観点	闇	灯（光）
空間	遠い）	（近い
時間	未来	現在
時間	長期的	短期的
時間	非効率的	効率的
目的・手段	目標（方向）	手段（方策・解決策）
自他	自分で得る	他人から得る

③の引用文の初めに、「目先を照らしている灯」とある。灯とは、目先つまり近くを照らすものだということになる。一方、④には「遠い目標」とある。また、①の具体的エピソードの中にも、「遠くの方に……」とある。ここから、「近い⟷遠い」という対比を読み取ることができる。ただ、これは空間的な意味ではないため、（　）でくってある。たとえば、五メートル先より五キロメートル先を見よ、というわけではない。子育ての例を見れば分かるように、これは時間の観点で述べている。現在にとらわれず未来を見つめよ、短期的に考えず長期的に考えよ、と言っているのだ。

また、③の「目先の解決を焦って」という部分や、⑤の「場あたり的な灯」という言葉なども考慮すると、灯とは効率重視の解決策であるということが分かる。

今「解決策」と書いたが、③の終わりにある「解決への方向」との違いはお分かりだろうか。どちらも解決を目指しているのだが、焦点をあてている対象が異なる。灯、つまり解決策は「手段」としての意味が強調されているが、解決への方向については、つまり「目標」としての意味が強調されている。

今さらながら、目的（目標）と手段は「反対語」とは言えない面もある。そもそも目的はターゲットであり固定的・静的な存在だが、手段は人間が行動に用いるわけだから動的な存在である。その意味では異なる存在ではあるが、時間的前後関係（手段が先、目的が後）も考えると、一つのセットとしてとらえることが可能なのである。

そんなわけで、今回の文章を読んで「灯に頼るのは手段重視、闇に目をこらすのは目標重視」などとすぐに理解するのは、かなり難しいことではある。しかし、七つの観点を常に意識しておけば、「目的・手段の観点」が起動して、文中のヒントに気づくことができるようになるのだ。

さて、登場する対比の観点はもう一つある。これは文中（④・⑤）にはっきり書いてあるので、気がつきやすい。「他人←→自分」、つまり自他の観点である。「他人から与えられた方策に頼るか、自分で目をこらして目標を見るか」という対比になっている。
それでは、解答例にまとめておこう。

（解答例）

他人から与えられた短期的な方策に頼るのをやめるということ。（二九字）

字数指定を行うのは、字数制限がないと対比の全体を書いてても許容されてしまうからである。前章までは「AではなくB」などの全体をまとめる形になっていたが、今回はあくまでも「灯を消す」とはどういうことかと問われており、「闇を見つめる」ほうの説明を含めてはいけないのだ。つまり、「AではなくB」のAに注目すればよいのであり、Bをことさら説明しなくてもよいわけだ。Bの内容には触れず、「Aの否定」だけを答える。「灯を消す」の意味だけを問われているので、「消したあとでどうするか」までは答えない。こうしたある種の機械的視点が、入試読解では求められる。
だから、今回の問いに対して、「目先の解決に焦ることなく、遠い目標を見つめるということ」などと、Bにあたる内容を加えてしまった場合はバッサリ半分減点となり、かつ、

Ｂの内容に消費した字数の分だけ必要な観点が入らなくなるはずだから、さらに減点となるわけだ（今の例だと自他の観点がない）。

しかし、当塾でこの文章を用いて同じ課題を与えると、多くの生徒が、ＡもＢも無理やり入れて三〇字に収めようと四苦八苦する。対比の練習を日々重ねているので、つい全体を書いてしまう。それと同時に、問いに正対した答え方というものへの意識が薄れているのだ。

先にも述べたように、読者のみなさんは別段、入試読解必勝法のようなものはもはや必要としていないかもしれない。しかし、その必勝法は、実は「問いに正対して答える」という、至極まっとうなコミュニケーションの姿勢につながっているのであり、決して無視できないものなのだということを分かっていただきたい。

ちなみに、今必勝法と書いたが、河合隼雄氏は、こうした「〇〇必勝法」の類いを嫌って「目先を照らす灯」と述べていることに、お気づきだろうか。

「一週間で一〇キロ痩せるダイエット法」「一〇〇日間で中学三年間の数学を総ざらい」などというように、短い期間で（短期的に）効率よく成果を上げられるといううたい文句の方法が増えてきた――という意味で、「場あたり的な灯を売る人が増えてきた」と語っているわけだ。

私もどちらかと言うと方策を売っている人間だが、この「短期間でできる」という表現だけは、極力避けるようにしている。私の初期のベストセラーには「偏差値20アップは当たり前！」などと書かれているが、これも、「何ヶ月で」などという表現はしていない（編集者がどこかに勝手に書いたのを見逃していることがあるかもしれないが）。

特に国語力というものは、そう短期的に上がるものではないというのが常識だ。読者のみなさんも、河合隼雄氏が言うように、じっくりと時間をかけて、本書に向き合っていただきたい。

ポイント

問いに正対した答え方をするよう、注意を払おう。

重松清の短編小説の「行間」を読む

よく子どもたちは、次のように言う。

「説明文は難しくて分からないんですけど、物語文はまあなんとか分かります」

言わんとすることは分かる。物語文のほうがなじみやすい。

しかし実のところ、物語・小説などの文学的文章のほうが明らかに難易度は高い。

説明的文章はメッセージ（主張）がほぼ明示されるものだが、文学的文章はそうではない。むしろ、メッセージなどというものを読み取られないように書くのが文学というものである。

とはいえ、書かれていない意味をできるだけ客観的に読み取ろうと挑むことには意義がある。そこで、次の課題に取り組んでみよう。

問題⑪

小説家・重松清氏による短編「カーネーション」（『日曜日の夕刊』『まゆみのマーチ』

（ともに新潮社）所収）について述べる（一部改変）。

概要［関係が冷え切った親子。父は単身赴任中。母は家にいて朝から晩までテレビ漬けで、菓子ばかり食べ、太っている。娘・聡子《さとこ》は高二で、いまどきのジョシコーセー。渋谷をぶらついた帰りの電車内、網棚の上に忘れられたカーネーションが目に入り、目障りに思う。まるで、今日は母の日だと周知するためにわざと置き去りにしたかのようで、陰険なイヤミか、などと心の中で愚痴をこぼしながら電車に乗っていると、隣に太ったオバサンが座った］

そして、次のように続く。

引用「オンナであることを放棄したような、だらしない座り方をしている。こんなオバサンも、家に帰れば息子や娘からカーネーションをもらうわけ？　ボランティアみたいなもんじゃん、それ」

★右の引用部分について、あなたなりに「発問」し、答えを作ってみよう。

このカーネーションという短編には、聡子のほかにも二人の人物が登場する。三者三様の「家族に関する悩み」が描かれ、この忘れられたカーネーションをめぐり三者に同時に起こる「事件」をきっかけに、その悩みが少しだけ明るい方向へと変化する、そんなユニークな短編である。

今回の概要と引用はその一部にすぎないが、聡子が変化する前の心情をとてもよく描写できている一節である。

さて、発問はどうなるだろうか。ここはもう、次の問いで決まりだろう。

〈発問例〉
「ボランティアみたいなもんじゃん、それ」とは、どういうことか。説明せよ。

こうした独自表現に出くわしたときに、はたと立ち止まり、「ん？　これ、どういう意味かな？」と疑問を持てること。これが、発問力というものである。

小説の一部ではあるが、説明的なセリフではあるので、解釈は絞り込まれるだろう。

今回も、比喩の抽象化が求められる。

比喩の抽象化において最も大切なのは、まず文脈を離れて意味を一般化することである。

少し別の平易な例を挙げよう。

「あの雲、わたがしみたいだね」と子どもが言った。「わたがしみたい」とは、どういうことか――答えは、「雲が白くてふわふわしているということ」など。

これを導き出すには、まず「わたがし」の意味を一般化して、「白いもの」「ふわふわしたもの」「甘いもの」「お祭りで買うもの」などと頭の中で（またはノートなどに）列挙する。この中で、**文脈に沿うものを選ぶ**。雲とわたがしの**共通点**は「白い」「ふわふわ」だけだろう。雲を食べたわけではないので、「甘いもの」は除外される。「お祭り」も関係ない。

このようなプロセスで意味を絞り込むわけである。そしてそのあとで、文脈に戻って考えることになる。

さて、ボランティアとは一般的にどういう意味合いを持つだろうか。列挙してみよう。

・自ら進んですること
・相手のために尽くすこと
・報酬なしにすること／見返りなしにすること

こんなところだろうか。この中から、文脈に合うものを決めるわけだ。

その前に、「ボランティアみたいなもんじゃん、それ」という文は倒置法だから、もとの表現に戻す。あわせて「それ」の指示内容もはっきりさせる。すると、

「こんなオバサンにカーネーションを渡すのは、ボランティアのようなものだ」

となる。ともすると、「こんなオバサンがカーネーションをもらうのは」としてしまいがちだが、セリフの途中で主体が入れ替わっているので注意が必要だ。ボランティアとは「もらう」ことではなく、あくまでも「渡す」ことについての表現だ。

さて、あとは「こんなオバサン」の「こんな」の指示内容もはっきりさせなければならない。

車内で隣に座ってきたこの「太ったオバサン」は、聡子自身の母親とイメージが重なるという点に注目したい。つまり、「わが子になんら恩恵を与えないような母親」というイメージだ。そうなると、ボランティアの意味が絞り込めるだろう。

恩恵を与えてくれない相手に、カーネーションという恩恵を与えるのは、まるでボランティアだ――と言っているわけだから、ここで言うボランティアとは、「報酬なしにすること／見返りなしにすること」の意味合いとなるはずだ。

そこで、答えは次のようになる。

〈解答例〉

「こんなオバサン」は子どもたちに何も恩恵を与えてくれていないはずであり、そういう母にカーネーションを渡すことは、見返りもない中で一方的に贈り物を与えるようなものだということ。

「ボランティアみたいなもんじゃん、それ」という短い部分について、このような解説をできるとなれば、それはやはり読解力が高いということになる。

ポイントは、図形的イメージで説明しているということだ。

下図を見てほしい。「見返り」とは、まさに「返ってくる」イメージであり、双方向である。今回はその見返りがないわけだから、「一方的」だということになる。

解答例の「見返りもない中で一方的に」という表現は、こうしたイメージをもとに作っているのだ。

読解というのは基本的に、テクストを言いかえていく作業で

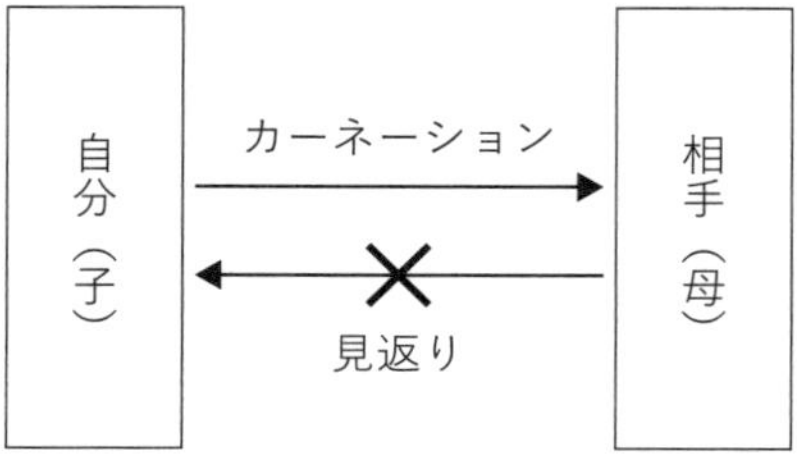

ある。言いかえる作業の中でもし**表現に迷ったら、まずは図形的イメージで考えてみる。**

一つの武器として、これをいつも念頭においてほしい。

ところで、この項の冒頭、文学的文章を読み解くことの難しさについて述べた。

これに関し、作家・小川洋子氏は、朝日新聞のインタビューで次のように述べている（「現代国語の正解とは？　小川洋子が挑む自作小説の入試問題」二〇二一年七月一一日）。

「そもそも、作品の中に書かれていないことを問うているわけですから。私自身の解答を含め、合っているんだか合っていないんだか、よく分からない。採点基準についてもどうしても曖昧な所は残るでしょう。だけど、人間の世界はそもそも曖昧なもので成り立っている。現代国語の採点で、理屈に合わない齟齬が多少生じたとしても、大した問題ではないと思います」

大した問題ではない、というのは言いすぎではあるが、おおむね賛同できる意見である。

自らの文章を読解問題に利用され、その設問と解答を見たとき、それを否定的にとらえる書き手のほうが多いのではないかと思うが、小川氏は比較的前向きにとらえているようだ。次のようにも述べている。

「解いてみて、小説にとって本当に大事な登場人物たちの心の動きを、自分が直接書いていないことを思い知らされました。小説はそれでいいし、読者も『何となく感じる』だけでも構わないけれど、入試問題はあえてそこを聞いてくる。輪郭がぼやけているものに、しっかり言葉をあてはめてみることは、作品のより深い理解にもつながります」

問題を解いてみて思い知らされた――この文は重要だ。作者でも分からないことがあるのだ。

いわゆるテクスト論をご存じだろうか。簡単に言えば、書き手の視点ではなく読み手の視点で、その文章を創造的に読むことの意義を論ずるものである。小川氏の言う「言葉をあてはめてみる」作業は、いわば「言葉を織り込む」作業とも言えるが、それは作者ではなく読み手に委ねられるのだ。

この朝日新聞記事では、東進ハイスクールの解答例と作者・小川氏の解答例がだいぶ異なっていたという事実を具体例とともに報じていた。この事実は、テクスト論を提唱したロラン・バルトの言う「作者の死」とも重なってくるだろう。

だからといって、読み手が恣意的に、あるいは非論理的に読んでよいというものでもない。この本で紹介しているような読解技術をできるだけ用いて、論理的に読む努力をすべきである。作者は「死んで」も、その努力が、作品を生かすのである。

ポイント

比喩の抽象化では、いったん文脈を離れて一般的意味を考えるようにしよう。

俵万智の比喩表現を正確に言いかえる

「言いかえる」という言葉をこれまで何度も使ってきた。

この「かえる」は通常「換える」と書くべきだが、「変える」と書いても通じないことはない。

ただ、「変える」というのは本来、形式だけでなく内容的性質も変化させることを意味する。

「言い換える」が「言い変える」になってしまうと、読解が恣意的になってしまう。

読解とはあくまでも、他者の言葉の再構成である。

再構成とは、全体を一度バラバラにして、そのパーツを改めて組み立て直すことである。それは、パーツの中身を変質させることを意味しない。

表現（形式）は置き換えても、意味（内容）は変えてはいけないということだ。

そのあたりに気をつけて、次の問題に取り組んでみよう。

入試問題を解くつもりで、正確な答えを作ることを心がけてほしい。

問題（12）

『万葉集』の場合、「見るからにそれだけのこと」の短歌が多いのが特徴だと言えるだろう。

「それだけのこと」にあまり手を加えずに歌ができあがっているということは、歌の完成度が低いということだろうか。決してそうではない。むしろ「それだけのこと」の持つ力強さ、素材の新鮮さについて考えるべきだろう。とれたての野菜は、塩をかけただけでおいしい。新鮮な魚は、まず刺身にするのが一番。（中略）

後の勅撰集（『古今和歌集』以降）の時代の短歌は、同じように食べ物でたとえるとすると、凝ったフランス料理という気がする。掛詞、縁語、本歌取り、エトセトラ。さまざまな技巧は、料理をよりおいしく美しく仕上げるためのソースであり、スパイスである。（中略）
ある程度歌を作り続けていると、いい素材に出会ったとき、塩をかけただけで食卓に出すという勇気がなかなか持てなくなってしまう。ついついドレッシングをかけたり、スパイスをきかせたり、してみたくなる。

『言葉の虫めがね』（俵万智著・KADOKAWA）より（一部改変）

（発問）「塩をかけただけで食卓に出す」とあるが、これはどういうことか。三〇字以内で説明せよ。

〈類型〉どういうことか――言いかえる力（同等関係）

言わずと知れた歌人である俵万智氏による文章の引用である。

「それだけのこと」で歌を作ろうという主張は、分かりやすい比喩のおかげで、メッセージとしてすぐ伝わったはずだ。

ただ、その比喩表現の意味内容を正確に説明できるかと言えば、また別だろう。

今回の問いは、「塩をかけただけで食卓に出す」についてだ。

「塩」も、それを「かける」というのも、「食卓」も、どれも短歌そのものとは無関係であり、ゆえに比喩である。

このように、問うべき部分に比喩が多いとしても、**カギとなる比喩はたいてい一つである。**この場合、「塩」がそれにあたる。

だから、発問としては、「「塩」とは何を象徴しているか」という問い方も成り立つ。

それを考えるヒントは、既に他の比喩の中にある。

ソース、スパイス、ドレッシングである。

これらは、塩と同じ意味合いで用いられている。

ただ、塩がその中では最もシンプルだ、ということだ。

「さまざまな技巧は、料理をよりおいしく美しく仕上げるためのソースであり、スパイスである」と書かれているわけだから、ソース、スパイスとは「技巧」のことであり、塩もまた技巧のことである。

さて、ここで大切なのは、**「パーツごとに言いかえる」という技術**だ。
まず、言いかえるべき部分を、意味の上からパーツ分けしてみる。
「塩を／かけただけで／食卓に／出す」
その上で、それぞれの表現をかえていくのである。

塩を　／かけただけで／食卓に／出す
技巧を／加えただけで／世に　／出す

しかし、単に「技巧」とするだけでは、ソース、スパイス、ドレッシングと同じになってしまう。そこで、塩のシンプルさを表す言葉を加える。

最小限の技巧を／加えただけで／世に／出す

このようにパーツごとに言いかえていくと、省略された言葉があることに気づくことが多い。今回は、「短歌を」などの言葉だ。そこで、解答例は次のようになる。

（解答例）

最小限の技巧を加えただけで短歌を世に出すということ。（二六字）

スムーズにできたように思えるが、実は次のように答えてしまうケースが多い。

「それだけのことにあまり手を加えずに歌を完成させるということ」

本文の二文目を利用した形だ。パーツごとに組み立て直す、再構成するという意識が足りないと、「あ、ここじゃん」と安易にコピペしたくなる。

まあ俵万智氏に言わせればこれでも正解になるはずだが、これが入試ならば、採点者は少し首をかしげるはずだ。

なぜなのか。

問題は、「あまり手を加えずに」という部分だ。

たとえば、「あまり食べなかった」と「少しだけ食べた」は、実質的意味はほぼ同じだが、プラス・マイナス（肯定・否定）のイメージがやや異なる。

それと同じで、「あまり手を加えずに」と「最小限の技巧（手）を加えただけで」では、イメージがやや異なるわけだ。

筆者は「塩をかける」ことは許容している。

しかも、求められているのはあくまでも「塩をかけただけで食卓に出す」という表現の言いかえである。

ならば、「〜加えずに」ではなく「〜加えただけで」とすべきなのだ。

こうした細かな部分にも気を配るのが、正確な読解というものである。

そして、**不正確な読解を未然に防ぐ手段が、先にも述べた「パーツごとに言いかえる」という技術なのである。**

スラッシュ（／）を入れて分割することで、

「（技巧）を／（加えた）だけで／（世）に／（出す）」

というように、パーツごとの関係性を浮き彫りにさせることができる。

言いかえを行う際は、このように、**パーツごとの関係をできるだけ維持する**というのが、一つのルールになるわけだ。

もちろん、言葉は数学ではないから、例外もある。

たとえば今回の解答例で言えば、「短歌を世に出す」とせず「短歌を完成させる」としてもよい。この場合「〜に」は残らない。
こうした判断はケースバイケースであるということも、覚えておきたい。

ポイント

文を言いかえる際は「パーツごとに言いかえる」習慣をつけよう。

第5章
因果関係を整理する（1）

小説に隠された因果関係を客観的に読み解く

ここからは、因果関係整理に注目して進めていく。

文章を初めとするテクストを読み解く際に、「なぜ」という疑問がわくのは自然なことだが、疑問がわくということは、理由・根拠の説明がテクストにおいて不足しているということである。

だから、読解における因果関係整理とは、その不足を補っていく作業であると考えてよいだろう。理由・根拠が補充されれば、「なぜ」という疑問は消えて、「なるほどね」という納得が得られる。

それでは、その補充の練習をしてみよう。

問題(13)

131ページでも登場した重松清氏の短編「カーネーション」について述べる。「聡子」に関するあらすじを、先のページで確認してから読むことをおすすめする。なお、そこで引用した一節の続きであり、場面は同じである。

概要［聡子は、電車の中で母親のことを考えている。母親が自分と同じ高二の頃にどんな夢を描いていたかは知らないが、きっと今の現実との間にはギャップがあるはずだ。そのギャップの一つを生んだのは、いまどきのジョシコーセーになってしまった自分かもしれない、などと思いめぐらしている］

そして、次のように続く。

引用「母の日のカーネーションを最後に買ったのは、中学一年生の頃だった。学校の先生やご近所から「まじめなコ」と呼ばれていた頃。その頃はまだ父親も家から会社に通っていて、テレビも買い換える前だった。だから……やっぱ、「なし」だよ、カーネーションなんて」（一部表記を変更）

★引用部分について、あなたなりに「発問」し、答えを作ってみよう。

引用部分を一読して真っ先に浮かぶはずの疑問は、「え？　なんで「なし」なの？」ということであろう。

聡子の頭の中では、「なし」だと言える理由が完成しているのだろうが、読者にはやや不親切である。そこで、発問は次のようになるはずだ。

（発問例）　引用部分の最後に、「だから」とあるが、この「だから」が示す因果関係は、ジャンプしている。「だから」の前にどのような一文が入るか。

これは**因果関係整理の問い**だが、実は対比的にも考えることが必要になる。

そのことを理解するために、この引用部分の構造を別の例で示してみよう。

「昔は空き地がたくさんあった。だから、この子たちは草野球もできない」

まずは、この文の不自然さに気づけなければならない。

次の一文が「だから」の前に入るはずなのだ。

「でも、今は空き地がない」

つまり、もとの文はこうでなければならない。

「昔は空き地がたくさんあった。でも、今は空き地がない。だから、この子たちは草野球もできない」

ポイントは、プラス・マイナスの方向性にある。

昔は空き地があった　↓　プラス
今は空き地がない　↓　マイナス
草野球もできない　↓　マイナス

「プラス↓だから↓マイナス」という因果関係は、どうしても不自然さが残ってしまう。逆も同じだ。つまり、**因果関係というのは多くの場合、プラスならプラス、マイナスならマイナスへとつながる**はずなのである。

ただ、因果関係の正しさ・自然さというのは読み手の常識に左右されるので、「プラス・マイナスの方向性が前後で必ず一致する」とまでは言えないことは、覚えておく必要がある。

とはいえ、「空き地があった」↓だから↓「草野球もできない」というのは、どう見ても不自然だろう。

そこで、「でも」などにより対比してプラス・マイナスを逆にすることで、自然な文にすることができる、というわけだ。

さて、今回の小説の一節についても、この不自然さに気づけるかどうかが大切だ。

ただ、この一節は「だから」の前がやや長い。

まずは、その部分の抽象化が必要になる。内容は二つある。

一つ目。

〈具体〉学校の先生やご近所から「まじめなコ」と呼ばれていた頃

〈抽象〉周囲の大人たちの理想や期待に合っていた自分

二つ目。

〈具体〉まだ父親も家から会社に通っていて、テレビも買い換える前だった

〈抽象〉家族との距離が近かった

この二つの内容は、もちろんプラスである。

しかし、カーネーションは「なし」というのは、マイナスである。

そこで、解答例は次のようになるだろう。

(解答例)

でも今は、周囲の大人たちの理想や期待に合わない自分になっており、また、家族との距離も遠くなってしまっている、といった意味合いの文。

要は、抽象化した二つの内容を逆にして入れるわけだ。念のため全体をつなげると、次のようになる。

「母の日のカーネーションを最後に買ったのは、中学一年生の頃だった。学校の先生やご近所から「まじめなコ」と呼ばれていた頃。その頃はまだ父親も家から会社に通っていて、テレビも買い換える前だった。でも今は、周囲の大人たちの理想や期待に合わない自分になっており、また、家族との距離も遠くなってしまっている。だから……やっぱ、「なし」だよ、カーネーションなんて」

ところで、気をつけるべき点がもう一つある。

対比でプラス・マイナスをコントロールしても、具体的な話を抽象化しておかないと、「なぜ？」という疑問は消えないままになってしまう。

たとえば「ふまじめなコ」とか、「父親は単身赴任中で、テレビは買い換えた」などと書いてしまう場合である。

なぜ、「ふまじめで父が単身赴任中でテレビを買い換えている」と「母親にカーネーションをあげるなんてありえない」と言えるのか。疑問が残ってしまう。

抽象化しないことによって因果関係が成立しないというパターンは、非常によく見られる。特に、文学的文章の読解において「なぜ」と問う設問に対して小学生が具体的描写をコピペした答案をズラーッと書き連ねる場合などである。一生懸命たくさんの字数を書き連ねたとしても、具体的すぎて答えになっていないというケースだ。

単純な話である。次の①と②をくらべてみてほしい。

① 今日は気温が二三度だから、上着はいらないよ。

② 今日は気温が二三度でだいぶ暖かいから、上着はいらないよ。

②は正確に書けば「二三度、つまりだいぶ暖かい」ということであり、抽象化されている。これにより、「暖かい→だから→上着はいらない」という、分かりやすい因果関係が成り立っている。しかし①は、「二三度だ→だから→上着はいらない」となっている。もしこれが三〇度などであれば、読み手・聞き手の常識が発動して因果関係を補足するため、「なぜ？」という疑問は出てこないだろうが、二三度のような微妙なラインの場合は「そうだよね」と言ってもらえるとは限らない。「二三度だから」ではなく「暖かいから」としないと、読み手・聞き手の常識が発動しない。

だから大切なのは、正確には「抽象化しないと因果関係が成立しない」というのではない。**「客観性を持たせないと因果関係が成立しない」**のである。そしてその客観性とは、読み手・聞き手の常識に沿っているかどうか、ということなのだ。

この二つはどうか。「富士山だから離れた県からでも見えるよ」「高い山だから離れた県からでも見えるよ」。これらは、どちらも成立する。富士山は具体的だが、富士山と言えば日本一高い山であるという常識が誰にもあるからだ。

常識が共有できないことであればあるほど、一般化して説明してあげなければならない。それは要するに、抽象化を指すわけである。

ともあれ、小説の短い一節を読み、「だから」が不自然だな、と気づくだけでも、これだけの思考をめぐらすことができる。読解力とは、そういうものである。

ポイント

プラスはプラス、マイナスはマイナスにつながるのが、通常の因果関係である。

小学生にも分かるシンプルな三段論法

ここで、因果関係整理に不可欠な技術である、三段論法を学んでおこう。

この本は純粋な論理学の本ではないので、記号の表記や技法の呼称については独自の表現をとっているが、分かりやすく考えるための技術としてはこの本で十分である。

「なぜか」と問われたときは、原則として次の二つのどちらかで考えることになる。

それは、前件肯定パターンか、後件否定パターンである。これらを簡単に解説しておくことにする（１６６ページまでの内容は、『男女御三家・難関校　中学入試国語を読み解く』(福嶋隆史著・日本能率協会マネジメントセンター）に掲載した解説をおおむね転載している)。

〈Ⅰ〉**前件肯定パターン**
(問い)「①は②であると言えるのはなぜか」
(答え)「①は③であり、③ならば②だから」
(問いの例)「ソクラテスは死ぬと言えるのはなぜか」
(答えの例)「ソクラテスは人間であり、人間ならば死ぬはずだから」

〈Ⅱ〉**後件否定パターン**
(問い)「①は②でないと言えるのはなぜか」
(答え)「②ならば③だが、①は③ではないから」
(問いの例)「この鳥はカラスでないと言えるのはなぜか」
(答えの例)「カラスならば黒いはずだが、この鳥は黒くないから」

この①~③という数字は手順を意味する番号にすぎない。また、〈Ⅰ〉の答えは、「③ならば②であり、①は③だから」の順序でもよい。「③ならば②だから」は、単純に「③は②だから」としてもよい（人間は死ぬから、となる)。同様に、〈Ⅱ〉の「②ならば③だが」は、単純に「②は③だが」としてもよい（カラスは黒いが、となる)。

〈Ⅰ〉のほうが〈Ⅱ〉よりも使用頻度は高い。ごく普通に理由を考えるとき、多くの人は無意識に〈Ⅰ〉を行っているものである。

〈Ⅱ〉は使用頻度はやや下がるが、一般に「②ならば③だが（大前提)」の部分を抜かしてしまうケースが非常に多く、この型によってそれを防ぐことができる価値は高い。その意味では、覚えて活用すれば〈Ⅰ〉よりも使用価値は上がる。

さて、一般に三段論法と呼ばれるものの基本形を、示しておこう。

三段論法の基本パターン

大前提	小前提	結論

前件肯定	真なり	AならばBである。(これは) Aである。ゆえにBである。
前件否定	真ならず	AならばBである。(これは) Aでない。ゆえにBでない。
後件肯定	真ならず	AならばBである。(これは) Bである。ゆえにAである。
後件否定	真なり	AならばBである。(これは) Bでない。ゆえにAでない。

この四つのうち、二つの前提(大前提と小前提)さえ正しければ結論が必ず正しくなる(真になる)のは、「前件肯定」と「後件否定」だけである。

そこで、前件肯定・後件否定について、より具体的にチェックしておこう。

なお、前件・後件という表現の意味は単純である。大前提「AならばB」のAが前件(前にある内容)、Bが後件(後にある内容)というだけのことだ。そのAを小前提で肯定しているのが前件肯定であり、Bを小前提で否定しているのが後件否定である。

〈Ⅰ〉**前件肯定パターン**をより詳しく

[AならばBである。(これは) Aである。ゆえにBである]

下図は、「AならばB」という「大前提」を示している。★は、目の前の「これ」すなわち具体的な主題を意味する（先の例では「ソクラテス」）。図を見ながら確認してほしい。「AならばB」という大前提のもと、もう一つの前提（小前提）として★がAである（Aに含まれる）ならば、当然の結論として、★はBでもある（Bにも含まれる）ことになる。いたって単純だ。

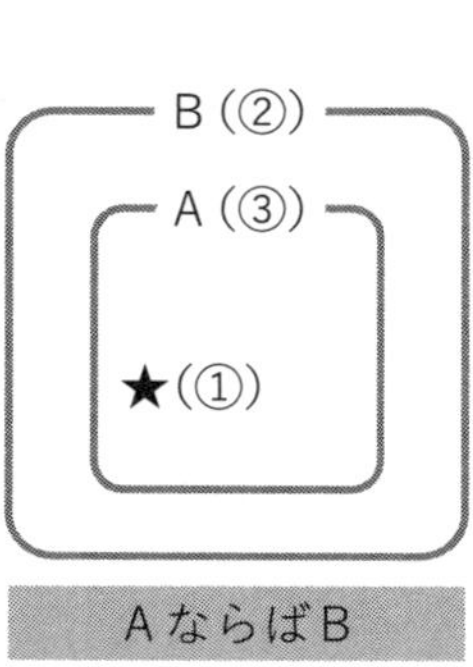

具体的な短文読解の形で見てみよう。ただしまず、先述の型を再掲しておく。

解き方の手順を示す①～③は図にも入っているから、確認してほしい。

（問い）「①は②であると言えるのはなぜか」
（答え）「①は③であり、③ならば②だから」

（本文）今日は雨が降っている。試合は雨が降ったら中止だということになっている。

だから、試合は今日は中止だ。

(問い)「今日は中止だ」とあるが、なぜそう言えるのか。説明せよ。

(答え)今日は雨であり、雨ならば中止だから。

――解き方――

まず問われている傍線部をパーツ分けし、番号を振る。

(問い)「今日は／中止だ」と言えるのはなぜか。

「①は　／②である」と言えるのはなぜか。

次に、間に入る情報である③を考える。

(答え)「①は　／③であり、／③ならば／②だから」

「今日は／雨であり、／雨ならば／中止だから」

〈Ⅱ〉**後件否定パターン**をより詳しく

「AならばBである。（これは）Bでない。ゆえにAでない」

下図は、先ほどと同じく、「AならばB」という「大前提」を示している。★は、目の前の「これ」すなわち具体的な主題を意味する（先の例では「この鳥」）。図を見ながら確認してほしい。「AならばB」という大前提のもと、もう一つの前提（小前提）として★がBでない（Bに含まれない）ならば、当然の結論として、★はAでもない（Aにも含まれない）ことになる。やはり、いたって単純だ。

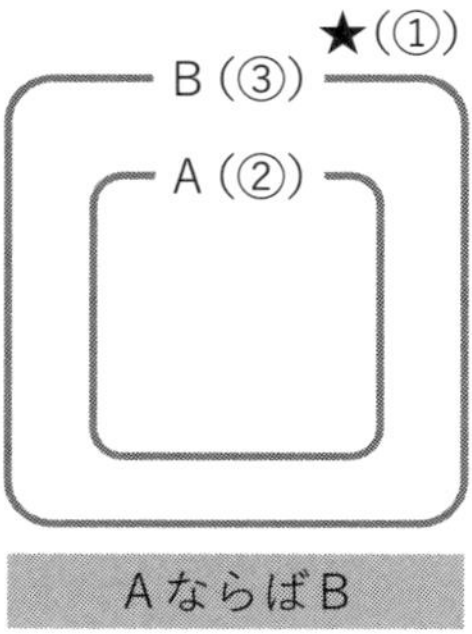

ここでも、具体的な短文読解の形で見てみよう。

ただしまず、先述の型を再掲しておく。

解き方の手順を示す①〜③は図にも入っているから、確認してほしい。前件肯定パターンの図ではAが③でBが②だったが、今回は逆になっている。これについては気にしなくてよい。①〜③は、あくまでも手順を分かりやすくするための便宜上の数字である。

(問い)「①は②でないと言えるのはなぜか」

(答え)「②ならば③だが、①は③ではないから」


(本文) この店は、月曜は休みだ。今日は店が開いている。だから、今日は月曜ではないということだ。

(問い)「今日は月曜ではない」とあるが、なぜそう言えるのか。説明せよ。

(答え) 月曜ならば休みだが、今日は休みではないから。


――解き方――

まず問われている傍線部をパーツ分けし、番号を振る。

(問い)「今日は／月曜ではない」と言えるのはなぜか。

「①は　／②でない」と言えるのはなぜか。

次に、追加すべき情報である③を考える。

（答え）「月曜ならば／休みだが、／今日は／休みではないから」
「②ならば　／③だが、　／①は　／③ではないから」

難しいと思うかもしれないが、慣れれば全く難しくない。

原理自体は、小学生でも分かる。

実際に「なぜですか」と問われたとき、前件肯定と後件否定、どちらのパターンなのかを見分けるのも、さして難しくない。

「～～ではないと言えるのはなぜか」というように否定形になっていれば、後件否定の型をイメージしてみればよい。そうでないなら、前件肯定の型をイメージする。

ただし、言語は数学とは異なる。全てを型どおりに処理できるかといえば、そうではない。型どおりにできないと思ったら、意味が通じるように型を破っていくしかない。

とはいえ、型を破るにも「まず型ありき」である。型を持たないのに型破りをしようとしたらそれは型破りではなく「型なし」である、とは、よく言われることである。

ところで、先に「真ならず」と記載した「前件否定」と「後件肯定」が気になっている人もいるかもしれない。少しだけ紹介しておこう。

まず、後件肯定から。

「AならばBである。（これは）Bである。ゆえにAである」

「人間ならば死ぬ。この生き物は死ぬ。だから人間である」

これだけで、いかにおかしな論理かが分かる。犬だって魚だって虫だって死ぬのだから。

要するに、後件肯定にだまされることは少ない。

問題は、前件否定である。

「AならばBである。（これは）Aでない。ゆえにBでない」

「月曜ならば休みだ。今日は月曜ではない。だから休みではない」

これ、つい納得しそうになる。しかし、月曜以外に休みがないとは言い切れない。日曜も休みかもしれず、今日が日曜ならば、休みである。

ということで、気をつけるべきは前件否定である。

ここまで説明したので、もう一つだけ。

下図は、「逆・裏・対偶」という論理関係図である。

これまで述べてきたことと密接に関係している。

「AならばB」の対偶は、「BでないならばAでない」。すなわち、「AならばB」という大前提と、「Bでない」という小前提が成立するならば、「Aでない」と言えるということであり、これは後件否定の形である。

後件否定は、「対偶」。対偶は必ず真なり。ということである。

ちなみに、残りはこうなる。

前件否定は、「裏」。裏は必ずしも真ならず。

後件肯定は、「逆」。逆は必ずしも真ならず。

詳しくは、具体例や図をもとにして確認してほしい。

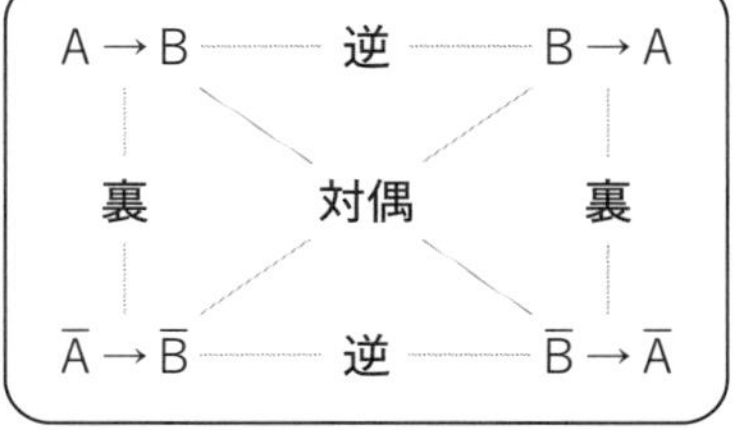

逆・裏・対偶

$\bar{A}$は「Aでない」
→は「ならば」

老人に席を譲らないほうがよい理由とは？

さて、ここで三段論法の型を練習をしてみよう。

問題⑭

電車内などで若者が老人に席を譲る光景は、今や珍しくなくなった。そのように思いやりを持った若者の存在は、それを見かけた周囲の人々の心をも明るくしてくれる。ある日、そんな思いを友人に話していたとき、彼は不意にこんなことを言い出した。

「いや、老人には席を譲らないほうが親切なんだよ」

けげんな顔をする私に向かって、彼は次のように話した。

最近では、席を譲っても拒まれることが多くなった。要は、席を譲ることが老人のプライドを傷つけているのだろう。席を譲るというのは、「あなたは老人に見えます」というメッセージを送っているようなものなのだ。平均寿命も延び、定年後も新しい仕事に就くような人が増えてきた昨今、彼らは、自分はまだまだ若いと思っているのだ。そういう気持ちを推し測ってあげることこそが、本当の親切なのではないか。
その説明を聞いて私は、まあ、そりゃそうだよな、とうなずいた。
とはいえ、相手次第、ケースバイケースだとも思うけれども。

『国語読解［完全攻略］22の鉄則』（福嶋隆史著・大和出版）より（一部改変）

（発問1）「老人には席を譲らないほうが親切だ」と友人が考える理由を説明せよ。
（発問2）「老人に席を譲ることは親切ではない」と友人が考える理由を説明せよ。

〈類型〉なぜか――たどる力（同等関係）

分かりやすいテーマであり、すんなりと頭に入ってくる話である。
だからといって、思いつきで本文を切り貼りして答えを作ろうとしてはいけない。
あくまでも、まず型、つまり答えの文の全体構造をイメージする。
発問1、2とも、答えの内容的には似てくるはずだが、答え方は異なる。

発問1は前件肯定、発問2は後件否定で整理する。

まず発問1の文を、「①は②である」になるようにパーツ分けする。

「老人には席を譲らないほうが／親切だ」
①は型にあてはめると不自然なので、「老人に席を譲らないこと（は）」とする。

［前件肯定パターン］
（問い）「①は／②である」と言えるのはなぜか。
（問い）「老人に席を譲らないことは／親切だ」と言えるのはなぜか。
（答え）①は③であり、③ならば②だから。
（答え）老人に席を譲らないことは（　③　）であり、
（　③　）ならば親切だと言えるから。

このように考え、③を埋める。

本文の中ほどに、「席を譲ることが老人のプライドを傷つけている」とあるから、これを逆にして、「席を譲らないことは老人のプライドを守る」などと考えればよい。「老人のプライドを守る」が③に入る。そこで、こんな骨組みになるだろう。

「老人に席を譲らないことは老人のプライドを守ることであり、相手のプライドを守るならば親切だと言えるから」

後半を「老人」ではなく「相手」としたのは、「③ならば②」というのが「大前提」だからだ。**小前提は具体的になり、大前提はそれより抽象的になる**のが通常である。

さて、本文の後半にこう書いてある。「そういう気持ちを推し測ってあげることこそが、本当の親切なのではないか」。これを利用すると、答えは次のようになるだろう。

（**解答例**）

老人に席を譲らないことは老人のプライドを守ることであり、相手のプライドを推し測ってあげることこそ親切だと言えるから。

後半を大前提らしく一般化した形である。

型を用いないで考えると、「老人に見えるというメッセージを送ることになる」とか、

「まだまだ若い」とかいう部分を切り貼りして、ごちゃごちゃと入れたくなってしまう。もちろん、これらも理由に入れることはできるが、リスクがある。**文というのは、長くなればなるほど、形が乱れがちなのだ。** まず短い骨組みを作る。この意識が大切だ。

さて、発問2に進もう。「老人に席を譲ることは親切ではない」理由だ。

文末が「ない」となっており否定形なので、後件否定で考えるのが自然である。

［後件否定パターン］
（問い）「①は／②でない」と言えるのはなぜか。
（問い）「老人に席を譲ることは／親切ではない」と言えるのはなぜか。
（答え）②ならば③だが、①は③ではないから。
　　　②とは③だが、　　①は③ではないから。
（答え）親切というのは　　（　③　）だが、
　　　老人に席を譲ることは（　③　）ではないから。

答えの型を二とおり入れた。「②ならば」は、158ページでも触れたように、「②は」「②とは」「②というのは」などとしても通じる。先のカラスの例を思い出せばよい。「カラスならば黒いはずだ」は、「カラスとは黒いものである」としてもよいわけだ。

既に発問1で確認したように、「親切」の定義は「相手の気持ちを推し測ること」となっていた。それを入れると、骨組みはこうなるだろう。

「親切というのは相手の気持ちを推し測ることだが、老人に席を譲ることは相手の気持ちを推し測ることにはならないから」

後半（小前提）にやや具体性がないので表現をたすと、次のようになる。

（解答例）

親切というのは相手の気持ちを推し測ることだが、老人に席を譲ると相手のプライドを傷つけてしまい、気持ちを推し測ることにはならないから。

さて、ここまでまずは、前件肯定・後件否定の簡単な用例を確かめてきた。いずれも、理由の骨組みを構築するための型である。

理由というのは、相手が納得するまでどこまでも細分化して説明できてしまうものなので、「まず骨組み」という意識が特に大切なのである。

なお、細分化というのは、たとえばこういうことだ。

「遅刻したのはなぜか」と問われて「昨夜寝るのが遅かったからです」と答えるのは、だいぶ時間的に前のほうを説明している。これで納得してくれる人は一割くらいか。「昨夜寝るのが遅かったので、今朝起きるのが遅くなった」だと二割。「今朝起きるのが遅れたために、食事が遅れた」なら三割。「食事が遅れたせいで、家を出るのが遅れた」なら五割。「家を出るのが遅れたせいで、電車に乗り遅れた」なら八割。といったところだ。もちろん、これでも二割は納得していない。最寄り駅からのろのろ歩いたんじゃないのか、などと言われるかもしれない。このように、理由というのはどこまでも細分化できてしまう。

だから、まず全体の骨組みを構築することが優先されるわけである。

ポイント

小前提は具体的、大前提は抽象的になる。

第6章

因果関係を整理する（2）

河合隼雄の逆説を理由づけする

さて、後件否定パターンの練習を続けよう。

問題⑮

ともかく正しいこと、しかも一〇〇%正しいことを言うのが好きな人がいる。非行少年に向かって「非行をやめなさい」とか（中略）忠告する。煙草を吸っている人には、「煙草は健康を害します」と言う。何しろ、誰がいつどこで聞いても正しいことを言うので、言われた方としては「はい」と聞くか、無茶苦茶でも言うより仕方がない。（中略）

もちろん、正しいことを言ってはいけないなどということはない。しかし、それはまず役に立たないことくらいは知っておくべきである。たとえば、野球のコーチが打席に入る選手に「ヒットを打て」と言えば、これは一〇〇%正しいことだが、まず役に立つ忠告ではない。ところが、そのコーチが相手の投手は勝負球にカーブを投げてくるぞ、と言ったとき、それは役に立つだろうが、一〇〇％正しいかどうかは分からない。敵は裏をかいてくることだってありうる。あれもある、これもある、と考えていては、コーチは何も言えなくなる。そのなかで、あえて何かを言うとき、彼は「その時その場の真実」に賭けることになる。（中略）

いつでもどこでも誰にでも通じる正しいことのみを生きていては、「個人」が生きていると言えるのかどうか疑わしい。

『こころの処方箋』（河合隼雄著・新潮社）より（一部改変）

（発問）「それはまず役に立たない」とあるが、一〇〇％正しい忠告は役に立たないと言えるのはなぜか。説明せよ。

〈類型〉なぜか――たどる力（因果関係）

読解というのは、自分の頭であれこれ考えてごちゃごちゃと答えてしまいがちである。

しかし、**大切なのは、まず機械的に考えるということ**だ。

機械的とは、「型」に沿って考えるということである。「型」だけでは答えは完成しないが、骨組みがしっかりする分、「自分なりの変な答え」にならずに済む。

ということで、まずは問いの文を型に合わせてパーツ分けする。

［後件否定パターン］

（問い）「①は／②でない」と言えるのはなぜか。

（問い）「一〇〇％正しい忠告は／役に立たない」と言えるのはなぜか。

②が否定形になっているので、後件否定パターンの型にあてはめる。このとき、②を「役に立たない」としてはいけない。正反対になってしまう。あくまで「役に立つ」を否定しているということに注意する。

（答え）②ならば③だが、①は③ではないから。

（答え）（忠告が）役に立つならば（　③　）だが、

一〇〇％正しい忠告は　（　③　）ではないから。

これが骨組みになる。その上で③の内容を、本文をもとに考える。

まず一段落目に「誰がいつどこで聞いても正しいこと」とある。

また、三段落目には「いつでもどこでも誰にでも通じる正しいこと」とある。

これらが、「一〇〇%正しいこと」の意味であり、筆者が否定している内容である。

これらを「**七つの観点**」でチェックすると、時間（いつ）、空間（どこ）、自他（誰）の三つが含まれていることが分かる。

一方、二段落目には「その時その場の真実」とある。ここが同様に時間・空間の観点になっており、これが筆者が肯定する内容であると分かる。自他の観点がないので、それは加えるようにする。「誰にでも」というのは「万人」ということだから、逆にすれば「個人」などとなるだろう。

これらをもとにすると、先の③は、「その時、その場、その個人にとっての真実」などということになる。

そして先の答えの文にこれをあてはめる。

「忠告が役に立つならばそれは、その時、その場、その個人にとっての真実であるはずだが、一〇〇%正しい忠告は、その時、その場、その個人にとっての真実ではないから」

しかしこれでは堅苦しいので、表現を変える。

〈解答例〉

役立つ忠告というのは時と場所あるいは個人によって「正しさ」が変わるはずだが、一〇〇%正しい忠告というのは、そうではなく、いつでもどこでも誰にとっても正しいものだから。

答え方の型をもう一度おさらいする。

「②ならば③だが、①は③ではないから」

繰り返すが、この「②ならば」は、「②は」「②とは」「②というのは」などとしても通じる。そこで、「忠告が役に立つならば」を「役立つ忠告というのは」とした。

また、「③ではない」のパーツは、型どおりに書けば③を二度繰り返すことになるので、そこは指示語で受けて「そうではなく」とした。

と同時に、「そうではなくて、どうなのか」というところまでを入れた。

157ページのカラスの例を思い出してほしい。

「カラスならば黒いが、この鳥は黒くはないから」

この文は、目の前の鳥が黒くないことを述べているだけで、じゃあ何色をしているのかということは述べていない。

本来それは根拠としては必要ないのだが、触れてあげたほうが説得力が増すとともに読み手にとって親切になることも多い。

「カラスならば黒いが、この鳥は黒くはなく、緑色だから」

などとするわけだ。

この「緑色」に該当する部分が、先の解答例では、「そうではなく」のあとにある「いつでもどこでも誰にとっても正しいもの」にあたる。

ただし、否定しただけで肯定情報がすぐに分かる場合もある。例を示そう。

(問い) 今日はクリスマスではないと言えるのはなぜか。

(答え) クリスマスならば二五日であるはずだが、今日は二五日ではなく二六日だから。

もしこれらが会話であり、今日は二六日だということが両者にとって明確であれば、単に「二五日ではないから」としただけで通じるだろう。

ともあれ、日常において後件否定パターンはいくらでも活用できる。意識して用例を見つけてみよう。

ポイント

まず型どおりに骨組みを作り、あとから表現の微調整や肉づけを行う。

「読み手の常識」に依存してはいけない

さて、さらに後件否定パターンを練習しよう。

問題(16)

一橋大学の入試（二〇二〇年）で出題された評論文の一節である。

引用「感情労働の一番辛いところは、情動を強いられることであろう。嬉しくないのに、嬉しそうにしなければならない。ちっとも尊敬していないのに、心から尊敬しているように見せなければならない。（中略）感情労働に従事する人は、自然にわいてくる自分の情動を抑えて、その場で求められる情動を無理に抱かなければならない。（中略）では、なぜ、感情労働においては、自然な情動を抑えて不自然な情動を示さなければならないのだろうか。なぜそのような情動の管理が要求されるのだろうか。それはもちろん、情動の管理が雇用者の利益につながり、ひいては従業員の利益につながるからである」

概要［もっとも分かりやすいのは接客業である。接客業では、客の理不尽なクレームにも笑顔でこたえなければならない。では、医師はどうだろうか］

引用「患者が無茶な要求をしてきても、決して怒ったりせず、その要求が理にかなっていないことをていねいに説明し、患者に納得してもらわねばならない。接客業の従事者と同じく、医師も情動の管理を求められ、ときに不自然な情動を強いられる。今日では、医師もサービス業になったのである。

概要「しかし、医師の仕事は本当に接客業と同じなのだろうか。医師にとって、患者の苦境に共感を示すことは、仕事そのものである。金をもうける以前に、それが目的なのである。病気のために好きなお酒を制限しなくてはならないような患者の気持ちによりそい、共感を示す。それができてこそ医師である」

概要「ここでひるがえって考えるに、実は接客業もまた、医師と同様、本来は感情労働ではないのではないかという考えが浮かんでくるはずだ。その理由はこう説明できる」

信原幸弘『情動の哲学入門　価値・道徳・生きる意味』より（一部改変）

〈発問〉「その理由はこう説明できる」とあるが、どのような理由になるか、説明せよ。

〈類型〉なぜか——たどる力（因果関係）

原典（入試に出題された文章）はもう少し難易度が高い長文だったが、分かりやすくなるよう、概要部分で書きかえている。肯定と否定を行ったり来たりしている印象のある文章であり、長文だと途中で勘違いを呼びやすいが、短く凝縮しているので、そのあたりはなんとかなるだろう。

さて、まずは型どおりに問いを整理しよう。

「実は接客業もまた、医師と同様、本来は感情労働ではないのではないかという考えが浮かんでくる」と書かれているので、注意が必要だ。

［後件否定パターン］

（問い）「①は／②でない」と言えるのはなぜか。

（問い）「接客業は／感情労働ではない」と言えるのはなぜか。

本来はここで答えの型に沿って③パーツを考えるわけだが、今回はまず、「医師と同様」

という部分をはっきりさせておき、そのあとで後件否定の型にあてはめたほうがよい。「医師と同様」と言っている以上、それがヒントになるはずである。要するに、接客業と医師の共通点を整理しておくわけだ。

まず、どちらも「情動の管理を求められ、ときに不自然な情動を強いられる」ということはすぐに分かる。

ただ、今回問われているのは「感情労働ではない」と言える理由なので、これでは「感情労働である理由」になってしまう。

そこで、接客業と医師の相違点として書かれている内容に注目する。

次の部分だ。

「医師の仕事は本当に接客業と同じなのだろうか。医師にとって、患者の苦境に共感を示すことは、仕事そのものである。金をもうける以前に、それが目的なのである」

これが両者の相違点に見えて、実は共通点なのではないか——そう言っている文章なのである。

端的に言えば、両者はどちらも「共感を示すべき職業」である、ということだ。

そしてもう一つ、「金をもうける以前に、それが目的」とある。

この「金をもうける」という部分を**いかに端的に言いかえるかがポイント**になる。

本文の前半に、（感情労働は）「情動の管理が雇用者の利益につながり、ひいては従業員の利益につながる」と書かれていることに注目する。すなわち、「金をもうける」とは「利益が目的」ということだ。**名詞化する意識**が、こうした言いかえを可能にする。「金をもうける以前に、それが目的」というのは、「利益より共感こそが目的」である、ということなのである。

ここまで分かれば、あとは難しくない。

答えの型にあてはめていこう。

（答え）②ならば③だが、①は③ではないから。

（答え）感情労働ならば（　③　）だが、
　　　　接客業は　　　（　③　）ではないから。

③は、先に整理した共通点を利用してまとめる。

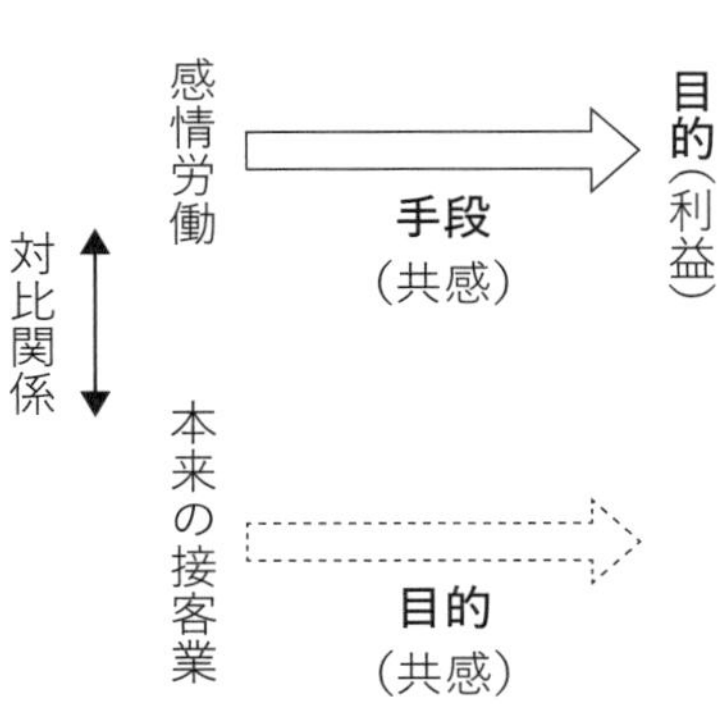

（解答例）
感情労働とは共感の先にある利益を目的とするものだが、接客業は本来、医師と同様、利益ではなく共感そのものを目的とするはずだから。

何度か説明しているように「②ならば」は「②とは」などとしてもよく、むしろこのほうが分かりやすくなることも多い。

解答例の後半、「利益ではなく」の部分で止めても「感情労働ではない」理由にはなるが、「医師と同様」の説明としては「共感そのものを目的とする」と明示しないと不十分になる。

なお、この形式は、１８１ページで述べた、「この鳥は黒くはなく、緑色」とか「今日は二五日ではなく二六日」というように、「ではなく」のあとに情報を追記するパターンと同じ構造である。

そして、前ページの図も、解答例のポイントになっている。この図は82ページでも登場したが、「**七つの観点**」の一つ、**目的・手段の観点**によるものである。これを意識しておくと、理解の難しい対比関係がすっと整理できることが多い。よく覚えておきたいところだ。

ところで、形式操作の話ばかりしていると、内容的理解がおろそかになることがある。筆者の主張は、具体的に理解できただろうか。

この文章は、まず接客業を感情労働だと定義した。

次に、それと似て非なる職業として医師を挙げた。

そこで終わるならごく普通の文章だが、今回の文章は、そこではたと立ち止まった。待てよ、接客業も医師と同じように、相手（客・患者）に対する深い共感が求められるはずではないのか、と。

接客業に従事したことがあればそのことはもちろん分かるだろうし、従事したことがなくても、接客を受けることは誰にでもあるのだから、それは理解できるはずだ。

たしかに、接客とは心のこもったものであるべきであり、利益のために耐えながら相手に合わせて喜怒哀楽を表現するというよりも、喜怒哀楽を共にすることそのものを目的とするべきものであると言えるだろう。

さて、再び形式の話に戻る。

ここまで読み進めてきて、前件肯定パターンと後件否定パターンはいったいどう違うのか、似たようなものじゃないか、という漠然たる疑問がわいたかもしれない。
そこで、カラスの例を再度検討してみよう。緑色の鳥を指し示している状況である。

(問い)「この鳥はカラスではない」と言えるのはなぜか。
(1 後件否定パターンでの答え)
カラスならば黒いはずだが、この鳥は黒くないから。
(2 前件肯定パターンでの答え)
この鳥は緑色であり、緑色ならばカラスではないから。

2に不足しているのは、「カラスならば黒い」「カラスとは黒い鳥だ」といった、大前提である。このままだと、「じゃあ、緑以外の青とか赤とかの鳥なら、カラスかもしれないの?」という疑問をさしはさむ余地が残るのだ。そう問われたら、結局は「カラスは黒なんだよ(だから青も赤もないよ)」と説明することになる。
「カラスは黒」なんてのは常識だから省略してるんだよ、と言うだろうか。そこが、読解においては危険なのである。

読解とは、「読み手の常識」に依存して乱れたままになっている関係性（同等関係、対比関係、因果関係）について、常識を明示しながら再構築する作業なのだ。

その意味で、前件肯定パターンは後件否定パターンよりも主観性が残る可能性がある。ただ、そもそも主観的である「①は②である」という文を、「①は③であり、③ならば②だから」と細分化している時点で、相対的に主観性は低減しているわけであり、要は「程度」の問題にすぎない。

これ以上は説明しなくても「常識的に」分かるでしょ、という主張が通じるのであれば、前件肯定パターンでも因果関係は成立するのである。

なお、次のようなケースは、後件否定にしなくても半ば通じてしまう（なお現行の法律では一八歳で成人とされる一方、飲酒は二〇歳からとなっているが、ここでは便宜上そのあたりの区別を無視している）。

（問い）「彼は飲酒できない」と言えるのはなぜか。

（1　後件否定パターンでの答え）

飲酒できるなら成人であるはずだが、彼は成人ではなく未成年だから。

（2　前件肯定パターンでの答え）
彼は未成年であり、未成年ならば飲酒できないから。

2であっても厳密には、「じゃあ、未成年以外の場合は飲酒できるってこと?」という疑問をさしはさむ余地が残る。

とはいえ、先ほどの色の場合とは異なり、成年・未成年は二者択一であり、未成年は飲酒できないというメッセージを半ば自動的に「成年は飲酒できる」というメッセージとして受け取ることは十分可能になる。こういう場合は実質的に、後件否定も前件肯定も同様の意味合いを伝えうることになる。

もちろん、言語は数学ではないので、この「必然性」があいまいな場合もある。

だからこそ、まずは型どおりに考えることが必要になるわけだ。

ポイント

読み手の常識に依存しない説明を、いつも心がけよう。

外山滋比古の主張を理由づけする

因果関係整理の課題を、もう一つやってみよう。

『思考の整理学』（筑摩書房）などで有名な、外山滋比古氏による文章である。

問題（17）

相互によく理解し合っている人間同士の伝達においては言葉の筋道はつねに完全な線状である必要はないことが多い。要点は注目されるが、それ以外の部分はどうでもよい。等閑《とうかん》に付されたところはやがて風化がおこるであろう。こうして、方々が風化して線に欠落ができると、線的な筋が点の列になって行く。親しいと感じ合っている人たちの間の言語における論理は線ではなく点の並んだようなものになっている。

人間には、こういう点をつなげて線として感じとる能力がだれにもそなわっているのである。したがって、点的論理が了解されるところでは線的論理の窮屈さは野暮なものとして嫌われるようになる。なるべく省略の多い、言いかえると、解釈の余地の

大きい表現が含蓄のあるおもしろい言葉として喜ばれる。（中略）
俳句の表現もいわゆる論理、線状の論理からは理解しにくいものであるが、点的論理の視点からすればきわめて興味あるものになる。
『日本語の論理――増補新版』（外山滋比古著・中央公論新社）より（一部改変）

（発問） 傍線部について、俳句は理解しにくいと言えるのはなぜか。説明せよ。
〈類型〉なぜか――たどる力（因果関係）

点的・線的という図形的表現は、よく用いられる。

比喩であると考えれば、「点的」「線的」という言葉の意味を抽象化して言いかえるべきだと言えるが、「点と線」という対比は一般によく用いられる表現でもあり、意識して言いかえるべきかどうかはケースバイケースだ。

今回は、シンプルな骨組みを作るという意味で、あえて言いかえずに書いてみる。

なお、「～しにくい」「～しづらい」といった表現も否定形だから、後件否定パターンで整理するのが通常である。

それでは、型どおりにチェックしていこう。

［後件否定パターン］

(問い)「①は／②でない」と言えるのはなぜか。

(問い)「俳句は／理解しにくい」と言えるのはなぜか。

(答え) ②ならば③だが、①は③ではないから。

(答え) 理解しやすい表現は（　③　）だが、

俳句は　　　　　　　　　（　③　）ではないから。

まず、②を間違えないようにする。「②でない」が「理解しにくい」だから、「②ならば」は「理解しやすいならば」となる。ここでは、例によって定義づけのパターンを使い、「理解しやすい表現は」としている。

そして③は、「線的なもの」「線的論理で成り立っているはず」などが入る。
そもそも傍線部に「線状の論理からは理解しにくい」と書かれているので、本来は「線状」とか「線的」といった表現をそのまま使うのではなく、「意味の要素がつながっている」「解釈の余地が小さい」などと言いかえるべきだが、今はあくまでも骨組みを作る型を学ぶ目的なので、そこは無視する。

〔解答例〕
理解しやすい表現は線的なものであるはずだが、俳句は線的ではなく点的な表現だから。

さて、もし同じ問いを前件肯定で答えようとするとどうなるか、考えてみよう。
191・192ページで説明したことを思い出しながら、チェックしてほしい。

［前件肯定パターン］
（問い）「①は／②である」と言えるのはなぜか。
（問い）「俳句は／理解しにくい」と言えるのはなぜか。

（答え）①は③であり、③ならば②だから。

（答え）俳句は（　③　）であり、
（　③　）ならば理解しにくいはずだから。

この③は、すぐに分かるだろう。「点的な表現」などが入る。

そこで、前件肯定パターンにおける答えはこうなる。

（解答例）

俳句は点的な表現であり、点的な表現ならば理解しにくいはずだから。

どちらかと言うと、「成年・未成年」の場合に似ている印象を受ける。

しかし、「点的でなければ即、線的」とも言いにくい。あくまで「的」であり、両者の境目はあいまいだ。成人年齢のように明確な境界線はない。

そうなると、鳥の色の例と同様、やはり後件否定で答えるべきだということになる。**後件否定を使えるときは、それを優先的に使おう。**

ところで、外山滋比古氏の言う「点的論理」の意味は、具体的につかめているだろうか。

俳句だとややとっつきにくいところもあるので、散文で例示しておこう。

ア　今日は寒い。
　　←だから
イ　風邪を引きやすい。
　　←だから
ウ　換気をすべきだ。
　　←だから
エ　窓を開けよう。

このア〜エの因果関係を全て「たどる」のは、線的である。一方、アからエにジャンプするのは、点的だ。「今日は寒いから、窓を開けよう」。こう言われたら、ちょっと戸惑ってしまう。寒いから閉めよう、じゃないの？　と。

しかし、話者同士の人間関係が近いほど、「ああ、風邪を引かないように換気しようと言ってるのね」という理解を暗黙のうちに得られるから、点的な会話のほうが含蓄があっていいよね。と、外山氏は言っているのである。

ポイント
後件否定を使うべきときは、原則として後件否定を使う。

因果関係とは言い切れない関係性とは？

因果関係の章の最後に、よくあるミスについて説明しておきたい。

あなたは今、ジュースを買うところだ。二五〇ミリリットルで七〇〇円もする。ストレート果汁一〇〇％と書いてある。高額なのにこの売り場ではいつもすぐ売り切れてしまうほどの人気商品だ。

買って飲んでみたところ、なるほどおいしい。あなたはつぶやいた。

「このジュース、なんでこんなにおいしいのかな」

隣にいた友人が言った。

「そりゃ、人気商品だからね」


こういう応答について、どう思うだろうか。解釈は二つある。

まず、皮肉で言っているだけ、という解釈。「人気商品だから、味に関係なく、おいしいと錯覚しているだけだよ」という解釈だ。

もう一つは、因果関係を勘違いしているという解釈。

「人気商品は味もよいに決まっている。だから、おいしい」という解釈だ。

このジュースは人気商品だ。	原因	おいしい。
だから←　→なぜなら		だから←　→なぜなら
おいしい。	結果	このジュースは人気商品だ。

右図の上と下、どちらの因果関係が自然だろうか。

すぐに分かるはずだが、下の方が自然である。

ところが、上のような例、つまり「本来は結果なのに、それを原因にしてしまう例」は、意外に多い。

気がつきにくいのは、今のジュースの会話のような「結果→原因」の形とは逆の「原因→結果」の形で、かつ否定形の場合である。

例を示そう。

「彼女は中学に合格できなかった。だから、能力が低いはずだ」

一定の説得力を持ってしまう印象があるが、ちょっと立ち止まれば、そうとは限らないということに気づくだろう。

これらのように、関係はあるけれども因果関係がはっきりしないケースはよく見られる。これを因果関係と呼ぶのは不自然なので、注意が必要だ。

片方が変化すればもう片方もそれに応じて変化するような関係を、相関関係と呼ぶ。因果関係も相関関係の一つではあるが、因果関係とは言い切れない関係性について、区別して相関関係と呼ぶケースも多い。

なお、先のジュースの会話については、「ストレート果汁一〇〇%だから」などといった内容が、自然な理由（原因）になるだろう。

ところで、しつこいようだが文章というのは数学ではないから、因果関係かどうかの境界線が常に明確であるとは言えない。

だから、「正しい」「正しくない」という表現はなるべく避け、「自然」「不自然」という表現で、その妥当性を語るようにしよう。

第7章

言葉が世界をつくる

語彙力とは何か？

この最終章では、「読解する」ということの意味をより深めるとともに、言葉というものの本質について考えておきたい。

第一章で概説したとおり、「言いかえる力」「くらべる力」「たどる力」の三つの力が、読解における技能の三本柱である。

一方で、この中の「言いかえる力」は、ある意味では他の二つよりも重要度が高いとも言える。「言いかえる」ことこそが読解である、と言ってもよい。

なにしろ、対比関係であれ因果関係であれ、その関係性が表現された文章を抽象化したり具体化したりしながら別の表現に変換していくことこそが読解なのである。

これまでに扱ってきた問題を振り返れば、その全てにおいて「言いかえ」が行われていたことに気づくだろう。

言いかえるプロセスにおいて不可欠になるのは、語彙力である。

語彙力とは、こと読解においては、「もとのテクストの意味内容が変わらないような言葉を選択する能力」であると言える。

そのためには、もちろん、単に言葉を数多く知っているという意味での語彙力も必要だが、言葉を断片的に知っているだけでは、言いかえる場面で役立てることは難しい。**ある言葉と、その言葉に隣接する言葉の違い**――たとえば「煮る」と、それに隣接する「蒸す」「焼く」「炒める」などの違い――**を見極めて意識的に選択できることこそが、語彙力なのである。**

さらに例を挙げよう。次の文の空欄を埋めてみてほしい。

「クラスの友だちが遠くの学校に転校してしまうらしい。そこで、住所、電話番号、ＬＩＮＥなどの（　　　　　　）を教えてもらった」

ひとことで言えば何を教えてもらったのか、という問いだ。

実は、これを授業で問うと「個人情報」と答える子がかなり多い。

しかし、あまりふさわしい言いかえであるとは言えない。

会話にすれば分かる。

「え？　転校しちゃうの？　じゃあ、個人情報を教えて」とは言わないだろう。

「連絡先を教えて」とすべきである。

「住所、電話番号、ＬＩＮＥ」という部分だけを見れば個人情報でもよさそうだが、転校という文脈から判断すれば、「連絡先」が自然だ。

今「自然だ」と書いたが、これは、第一章で述べたスキーマ（体験的知識）に基づく判断である。転校する子に聞くのだから「個人情報」ではなく「連絡先」でしょ、というのは、体験的に知っているわけだ。

それでは、「連絡先」と「個人情報」という隣接する二語は、どう違うのか。

「連絡先」は、連絡をとるという目的があって存在する情報だが、「個人情報」はただ単に存在する情報であり、特段の目的がイメージされない。

また、「個人情報」というのは、公的には明らかにしない私的な情報という意味合いがあるが、「連絡先」には、隠して私的にとどめるような意図がそこまでは感じられない。

結局は、第二章、第三章で練習したように、**類似した言葉の相違点を対比的に見極める**

ことが求められるわけだ。

そして、このように「似た言葉を区別して境界線を引くこと」を、言語学では「分節」と呼ぶ。分節できればできるほど、それは語彙力が高いということである。

GACKTが格付けチェックで連勝できる理由

分節の価値を理解していただくために、例として国の名前を挙げてみよう。

たとえば、日本、韓国、中国、モンゴル、インドネシアなどといった国の名前を知っている人は、「アジアというのは、日本や韓国などのように、これこれこういう場所だよ」などと抽象化・一般化して語ることができる。

しかし、そういう国の名を知らないと、アジアについて語ることはできない。もし語っても、それは空想になってしまう。

次に、スポーツを挙げてみよう。

たとえば、野球、サッカー、水泳、相撲、柔道、剣道、マラソンなどという具体的な競技の名称を知っている人は、スポーツについて語ることができる。

「スポーツって、野球やサッカー、あるいは相撲や柔道などのように、チームプレイと個人プレイがあって、それぞれのよさがあるよね」

「スポーツって、野球やマラソンのように、見る人に勇気と感動を与えてくれるよね」

などと。

一方、競技の名称を知らない人は、「スポーツとは……」という抽象化・一般化ができない。スポーツを分節する具体的な名前を知っていることが、スポーツ一般を語るためには不可欠であるということだ。

さらに、先にも挙げた調理の例。

煮る、蒸す、焼く、炒める、揚げる、といった調理方法の名称を知っていれば、「調理の仕方が素材の味を引き出すんだよ、煮るのと蒸すのとでは違ってくるようにね」などと一般化して語ることができる。

しかし、名称を知らなければ「調理（料理）とは」という一般化はできない。

つまり、なんらかの対象により多くの境界線を引き、具体的な言葉でそれを認識するということは、イコール、抽象化能力を高めるということなのである。

今、こう思ったかもしれない。

「名前、名称」が大事なんじゃなくて、それらのものごとを実際に体験することこそが必要なんじゃないの？　などと。

たしかに、単に韓国を知っているより、韓国に行ったことがあるほうがよい。単に野球を知っているより、テレビ、球場で観戦したり、あるいは自分がプレイしたりした経験があるほうがよい。

単に調理法を名前で認識しているより、実際に料理を作っている人のほうがよい。体験的知識は、単なる知識よりも強い。

しかし、たとえ体験を積んでいても、名前・名称による認識（区別）が行われなければ、それを一般化して語ることは難しくなる。

よく正月に流れているテレビ朝日系列の番組「芸能人格付けチェック」をご存じの方も多いと思う。

たとえば高価な牛肉と安価な牛肉を食べて、どちらが高価なのかを、味覚だけで言い当てる。たとえば高価なバイオリンと安価なバイオリンの演奏を聴いて、どちらが高価なのかを、聴覚だけで言い当てる。そういう番組である。

そこで連勝を重ね、驚異的な記録を持っているのが、GACKT（ガクト）である。

彼はなぜ、あれほどまでに正解できるのか。

周りにいる芸能人も高収入の面々ばかりで、当然、高級な食事をする体験を積んでいるはずなのだが、なぜ牛肉を味覚で区別できないのか。

それは、**言葉によって体験を分節していない**からである。

GACKTはおそらく、牛肉なら牛肉、ワインならワインのそれぞれの味覚を、「やわらかさが云々」「甘さが云々」「苦みが云々」「喉越しが云々」などといった言葉によって、日頃から区別・整理しているのだろう。

だから、実際にそれを味わったときに言葉が引き出され、その言葉によって価値を判断できるのだ。

日頃どんなに美味いものを食べていてもGACKTにはなれない、というわけだ。

もうお分かりだろう。

体験を積んだから理解できるのではない。言葉で区別するから、理解できるのだ。

ソシュール言語論における常識

　ここまで読んでも、疑問が残っている人がいるかもしれない。

「それでも、やっぱり体験が先にあって、そこに名前を後からつけていくんだよね。名前を知ることが、言葉で区別することが、そこまで重要なのか、疑問だな。よくクイズ番組で、高学歴の若者やクイズ芸人が、これでもかというほどの知識を披露しているけれど、あんなのが大切だとは、とうてい思えないいんだよね」

　そう考えてしまうのも、無理はない。

　しかし、それは間違っている。

　言葉が先。意味内容は後。これが、言語学における常識なのだ。

　たとえば、あなたが赤ん坊としてこの世に生まれたそのとき、まだあなたには名前がない。あくまで、生まれた後で、名前を授かる。ということは、指示対象（この場合、あなたという人間）が先に存在し、名前は後からそこに付されたと言って間違いないはずだ――と思うかもしれない。

それは、「物理的存在」としては正しい。

しかし、「認識的存在」としては逆である。

私の名前は「タカシ」だが、その名前によって区別される前までは、「赤ん坊」でしかなかった。認識上は、そこに「タカシ」は存在していなかった。


別の例で考えてみよう。

たとえばあなたの所属する組織（会社でもスポーツチームでも趣味サークルでもなんでも）に、あなたが初めて所属した日のことを思い出してみてほしい。

そのときあなたは、周りにいる人間の名前を知らなかったはずだ。

そこにいるのは、「○○会社の人」「○○チームの人」「○○サークルの人」でしかなく、「誰々さん」ではなかった。

今は、「田中社長」「山本監督」「西山リーダー」などが存在するかもしれないが、所属したばかりのその日、名前を知る前の段階では、「田中社長」「山本監督」「西山リーダー」はどこにも存在していなかったのである。

もっと分かりやすい例を挙げれば、電車の中に見知らぬ人が大勢乗っているとき、その中に名前を知っている人はほぼいない。本当は、「桑原」「佐野」「牧」「上茶谷」「オースティン」などといった人々かもしれないが、彼らはそこに、存在していないに等しい。

言葉について考えるとき、存在とは、認識上の存在を意味する。

言葉を知らなければ、その言葉の指示対象は存在しない。

言葉があるから、存在するようになる。

言葉を知るから、存在を認識できる。

言葉が先。指示対象（意味）は後。

これは構造主義言語学の祖、ソシュールによる言語論の基本である。

世界とは価値の体系である

言葉が指示対象（意味）を区別し、切り分ける。

このことは、なんとなくつかめてきたのではないかと思う。

今度は、文化的な側面からその意味を確かめておくことにしよう。

下図を見てほしい。昔から稲作文化のある日本では、稲、米、飯をそれぞれ使い分けている。茶碗に一杯の稲、などとは絶対に言わない。しかし、英語では、稲も米も飯もriceであり、そこには日本語に見られるような区別は見られない。

これは、地域の文化によって分節する必要性の有無が変わり、それによって言葉の有無も変わるということである。

言葉というのは、必要に応じて生まれるのだ。

今「地域」と書いたが、これは「時代」によっても当然変わる。

同じ日本語であっても、古語と現代語との間で意味の範囲が変わることはよくある。たとえば「うつくし」という言葉には、昔は「可愛い」「愛おしい」といった意味合いがあっ

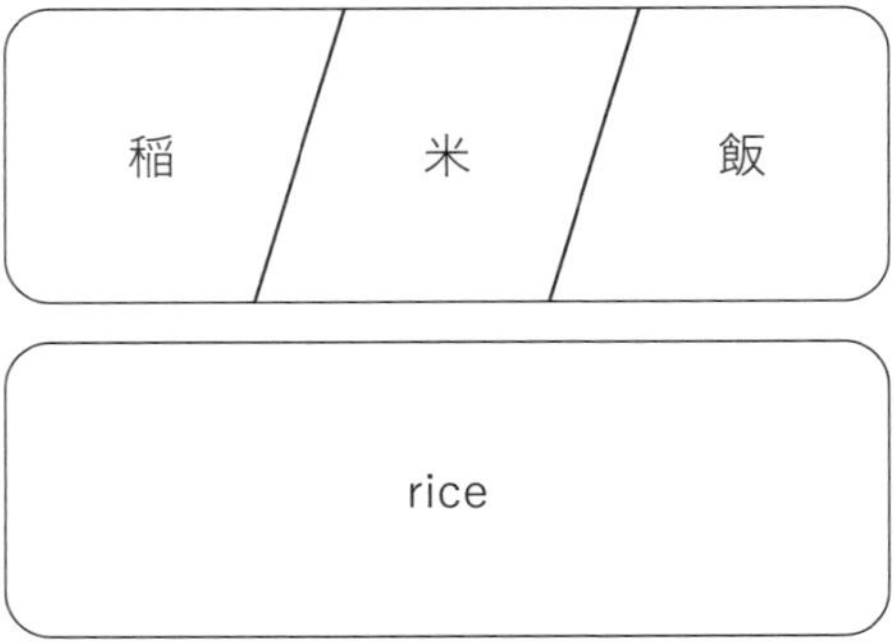

たが、今はほぼそういう意味を持たない。

同じものであっても、時代・地域によってその切り分け方、境界線は異なる。

これは、言いかえれば、**言葉が世界をつくるということ**である。


世界とは、価値の体系である。


体系とは、全体のつながり、全体構造のことを指す。

稲と米と飯、それぞれの価値を区別した構造が、日本（語）には存在する。

英語圏には、それが存在しない。

別に言語そのもの、時代・地域そのものが異ならなくても、人間集団が変わればそこには価値の体系に違いが出てくる。

Ｋ－ＰＯＰに興味がある人々の中では、それぞれのグループ名、メンバー名などによって、歌唱やダンスのレベル、あるいは人気や好き嫌いといった価値の体系が構築されているだろう。

しかし、Ｋ－ＰＯＰに興味がない人々の中には、そういった体系は存在しない。もちろん、Ｊ－ＰＯＰとの区別においては必要になるだろうから、そこに価値の体系はあるはずだが、Ｋ－ＰＯＰの中における区別は必要ないわけだ。

区別が、価値の体系をつくる。差異が、価値の体系をつくる。これもまた、ソシュール言語学における基本概念である。

広告と広告との間の差異が商品の価値を決める

ここで、最後の問題を解いてみることにしよう。

問題（18）

広告と広告とのあいだの差異——それは、広告が本来媒介すべき商品と商品とのあいだの差異に還元しえない、いわば「過剰な」差異である。それゆえそれは、たとえばセンスの良し悪しとか迫力の有る無しとかいうような、違うから違うとしか言いようのない差異、すなわち客観的対応物を欠いた差異そのものとしての差異としてあらわれる。

だが、広告が広告であることから生まれるこの過剰であるがゆえに純粋な差異こそ、まさに企業の広告活動の拠って立つ基盤なのである。

　言語についてソシュールは、「すべては対立として用いられた差異にすぎず、対立が価値を生み出す」と述べているが、それはそのまま広告についてもあてはまる。差異のないところに価値は存在せず、差異こそ価値を生み出す。もし広告が単に商品の媒介にすぎず、広告のあいだの差異がすべて商品のあいだの差異に還元できるなら、企業にとってわざわざ広告活動をする理由はない。企業が広告にお金を出すのは、ひとえに広告の生み出す過剰なる差異性のためなのである。すなわち、広告とは、それが商品という実体の裏付けをもつからではなく、逆にそれがそのような客観的対応物を欠いた差異そのものとしての差異を作り出してしまうからこそ、商品の価値に帰着しえないそれ自身の価値をもつのである。

『ヴェニスの商人の資本論』（岩井克人著・筑摩書房）より（一部改変）

（発問）「客観的対応物を欠いた差異そのものとしての差異を作り出してしまう」とあるが、どういうことか。あなたなりの具体例を挙げながら説明せよ。
〈類型〉どういうことか――言いかえる力（同等関係）

下図を見ながら読めば、文章の意味はかなり明確になるだろう。

たとえば、商品Aと商品Bが、原材料・分量・アルコール度数及び味わいなどにおいてほとんど同等のビールだとする。一方、テレビCMは圧倒的に商品Aのほうが優れているとする。

すると、Aのほうが売れるはずである。

これは、広告間の差異が価値を生み出しているということだ。

たとえAの味がBより多少劣っていたとしても、広告が優れていればAが売れるだろう。

よくある現象であり、あなたも思いあたる例があるはずだ。

これが本文で言うところの「過剰なる差異」である。

さて、問いを見てみよう。

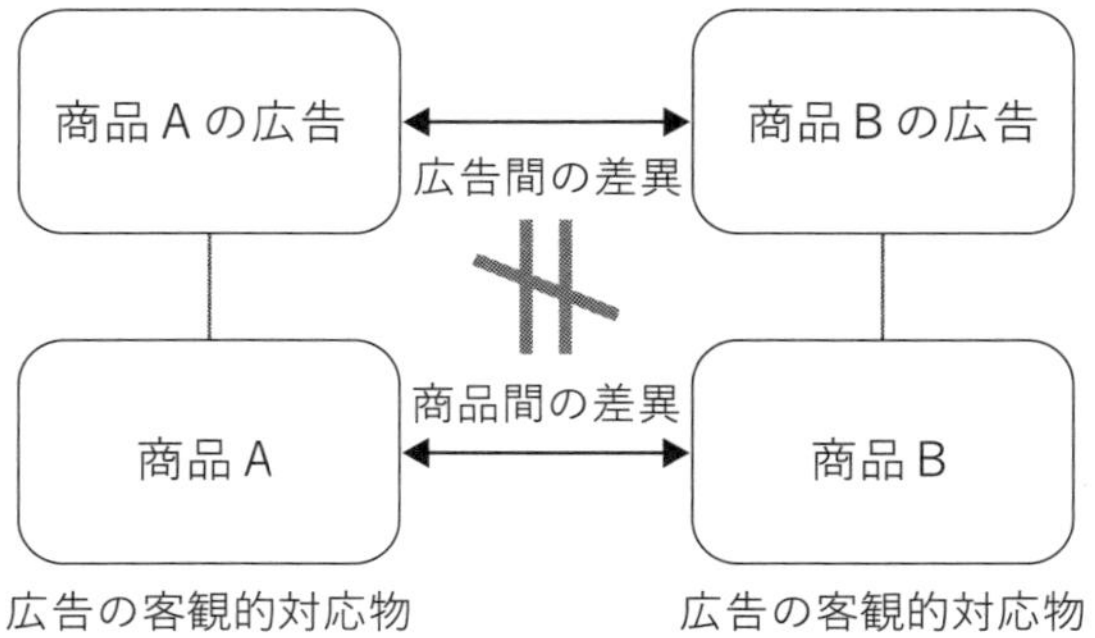

「客観的対応物を欠いた差異そのものとしての差異を作り出してしまう」ことの具体例を求められている。

右図を見ればおおむねイメージがわくだろう。ただし、「あなたなりの」と言われているので、広告とは少し異なるが同じ記号的側面を持った情報を挙げるとよい。

次のような例でどうだろうか。

（解答例）

YouTube の動画の価値について、その客観的な実体である動画の価値をとらえることなく、チャンネル登録者数や視聴回数などといった実体のない記号的側面の比較によってのみ判断してしまう。

これは具体化の問いだから、当然、ほかにもさまざまな答えが考えうる。

本文中で、ソシュールを引用し、「対立が価値を生み出す」ことが広告にもあてはまる、と言っている。だから、基本的には「言葉」をイメージするとよい。ただし言葉とは、より抽象化すれば記号であり、そういう意味では数値もまた記号である。

さて、「差異が価値を生み出す」ということの意味が、少しは伝わっただろうか。

それは先にも述べたように、「言葉が世界をつくる」ということだ。

この本は、論理的思考の一形態である「読解」すなわち「他者理解」の方法について焦点をあててきた。

しかしその本質は言葉による整理の技術であり、その意味では「自己表現」においても全く同じように活用することができる。

普段から言葉の選択に敏感になり、「言葉が意味を生む」「言葉が先で意味は後」「言葉の違いが意味の違いを生む」「言葉が世界をつくる」ということを意識し続けたい。

それによって、他者理解も自己表現も、同時にレベルが上がっていくはずである。

おわりに――伸びしろだらけのあなたに贈るメッセージ

この本は、大人のみなさんが読解力、ひいては思考力を高めるための本である。

大人になってからでは遅いんじゃない？　といった思いもあるかもしれない。

もちろん、可能性が無限大だ、とは言わない。


しかし、たとえば野球選手が、プロになってからであっても投げ方、打ち方、走り方、あるいはボールの捕り方などを変えることで大きな変化・成長を遂げることがあるように、成熟したかに見えていてもまだまだ改善すべき根本的な技能があるものだ。

その技能を鍛錬することで、あなたの才能が新たに開花する可能性だってある。

まして多くの方々は、日本語活用の「プロ」ではない。成熟どころか、変化・成長はまだまだこれからである。いわば伸びしろだらけなのだ。

さらに言えば、学校教育の不備によって、まともに国語力を鍛える場を持たないまま大人になってしまった人も多いだろう。

昨今ではアクティブラーニングという「放任教育」がはびこっているし、その前の時代であっても、過剰な自主性尊重を背景にした、「教えないことこそが教育」といった思想・風潮が、教育現場にはあふれていたのである。

たとえ進学塾や予備校に通い受験勉強にいそしんだ経験があっても、そこで学んだ読解技術が果たして思考力そのものを根本的に押し上げたのかと言えば、疑問が残る。そもそも、時間に追い立てられるようにして「学んだ」ことが、本当に身についていたのだろうか。

学ぶとは、真似ぶことである。

技術とは、真似できるものである。真似できないものは芸術と呼ばれる。

世の「読解本」の多くは、真似できない。たとえ興味を引き感心するような主張や解説が書かれていても、それは優れた書き手による芸術の領域であり、一般の読者には手が届かない。

その意味で、私が展開している「ふくしま式」は、今の日本で最もたしかな「真似できる技術」を提供していると言えるだろう。

ただし、本書は「基礎の基礎から始める本」ではない。

難しく感じた部分もあったかもしれない。

そういう方は、私が出している多くの小学生版問題集をひもといて開眼していただくとよい。そのあとでまた本書に戻れば、実は平易な内容だったのだということに気がつくはずだ。

平易なものほど、難しいことがある。

難しく見えるが、実は平易なこともある。

そのあたりを実感しながらこの本を繰り返し読んでいただければ、著者冥利に尽きるというものだ。

最後に、その多様性に富んだ文章によって私の国語力・指導力を逆に日々鍛えてくれている生徒のみなさんに、感謝を記しておきたい。どうもありがとう。

福嶋隆史

著者略歴
福嶋隆史（ふくしま・たかし）
1972年、横浜市生まれ。株式会社横浜国語研究所代表取締役。早稲田大学第二文学部を経て、創価大学教育学部（通信教育部）児童教育学科卒業。日本言語技術教育学会会員。日本リメディアル教育学会会員。日本テスト学会会員。公立小学校教師を経て、2006年、ふくしま国語塾を創設。
著書として、『ふくしま式「本当の国語力」が身につく問題集〔小学生版〕』『「本当の国語力」が驚くほど伸びる本』『「ビジネスマンの国語力」が身につく本』（以上、大和出版）など多数。

SB新書　680

一生《いっしょう》モノの思考力《しこうりょく》を鍛《きた》える
大人《おとな》の読解力《どっかいりょく》トレーニング

2025年1月15日　初版第1刷発行

著　　者　福嶋隆史《ふくしまたかし》
発 行 者　出井貴完
発 行 所　SBクリエイティブ株式会社
〒105-0001　東京都港区虎ノ門2-2-1
装　　丁
本文デザイン　杉山健太郎
イラスト　須山奈津希
D　T　P　株式会社キャップス
編　　集　齋藤舞夕（SBクリエイティブ）
印刷・製本　中央精版印刷株式会社

ISBN 978-4-8156-2607-5